¿Hay que coger al bebé
en brazos cuando llora?

«Los niños son como los marinos:
allí donde dirigen sus ojos, sólo hay inmensidad.»

Christian Bobin
La part manquante

© Editorial De Vecchi, S. A. 2018
© [2018] Confidential Concepts International Ltd., Ireland
Subsidiary company of Confidential Concepts Inc, USA
ISBN: 978-1-68325-711-0

Emmanuelle Rigon
Marie Auffret-Pericone

¿HAY QUE COGER AL BEBÉ EN BRAZOS CUANDO LLORA?

Proporcionarle tranquilidad y confianza
de 0 a 2 años

dve
PUBLISHING

Introducción

¿Cómo tranquilizo a mi bebé? Paradójicamente, los padres que se plantean esta pregunta son, a menudo, los más protectores. Creen que ya hacen mucho para proporcionar seguridad a su pequeño, pero se sienten desarmados ante sus llantos, manifestaciones de angustia y otros miedos misteriosos. Rápidamente les invade la duda: ¿lo estoy haciendo bien?, ¿no lo estaré protegiendo mucho?, ¿no lo estaré malcriando?, ¿no le estaré transmitiendo mis angustias? Además, en este ámbito las modas evolucionan: lo que se fomentaba o condenaba en la época de nuestros padres, ya no es necesariamente así en nuestros días. ¡Incluso hoy las informaciones que circulan sobre la vida interior de los bebés son contradictorias, y las ideas recibidas son numerosas!

Ni pasarse ni quedarse corto

Sin embargo, cuando se habla de hacer que el niño sea autónomo, todos los especialistas coinciden en un punto: tranquilizar y estimular al bebé resulta fundamental para que evolucione. Y es forzoso admitir que los mejores padres del mundo no pueden proteger a su hijo de todo... Su papel es, por tanto, proporcionarle la capacidad de encontrar en sí mismo los recursos para que establezca las bases de su seguridad interior, un sentimiento fundamental para su desarrollo físico y psíquico.

Una buena comprensión de los mecanismos activados durante esta etapa considerada «sensible», escuchar mucho, un poco de paciencia y mucho cariño... Todo esto debería permitir al bebé afrontar las situaciones difíciles, inherentes a su vida, y a los padres, asistir tranquilos y maravillados al desarrollo armonioso de este pequeño que confía en la vida.

Capítulo 1

¿Por qué es tan importante dar seguridad al bebé?

«Quiere estar todo el tiempo en mis brazos», «Tiene miedo de los otros niños», «Por la noche, no hay quien lo consuele»... El bebé tiene estas y otras muchas formas de comunicar que necesita ser tranquilizado.

Desde sus primeros instantes en el mundo, y luego durante sus primeros meses, el bebé manifiesta su necesidad de ser consolado, calmado, reforzado... En una palabra: tranquilizado. Ciertamente, para expresarse, apenas tiene elección. Por tanto, va a traducir sus exigencias en llantos, a menudo desconcertantes: ha tomado su biberón, ha expulsado el aire, está limpio, no tiene fiebre...

¿Hay que coger al bebé en brazos cuando llora?

Sin embargo, grita, se agita... En resumen, «tiene una crisis». ¿Qué pasa?

Leve marcha atrás

Durante sus últimas semanas en el vientre materno, todos los sentidos del bebé ya funcionan, algunos desde hace varios meses. Su universo sonoro, compuesto por vibraciones y sonidos aterciopelados, gira en torno al ritmo del corazón de su madre. Ya entrevé, en una semipenumbra, sus propios miembros y su cordón umbilical. Se baña, tranquilamente, en el dulce y cálido líquido amniótico. ¿Qué puede sentir este bebé, fríamente sacado del más delicado de los universos protectores y enfrentado a un nuevo tipo de respiración, en un mundo de ruidos y luces? Seguramente tomamos con él infinitas precauciones, y le prodigamos todo nuestro amor, pero descubrir un mar de nuevas sensaciones, experimentar y tomar conciencia de su propio cuerpo separado del de su madre son etapas que todo bebé ha de afrontar. ¿De dónde va a sacar fuerzas? ¡De nosotros! En efecto, es nuestra presencia atenta, nuestro olor, nuestro calor, nuestra voz y nuestros gestos tiernos y estimulantes lo que le ayudará a superar estos primeros meses. ¡Y a hacerlo sintiéndose seguro!

Un bebé seguro es un bebé tranquilo

¿Por qué es tan importante proporcionar seguridad al bebé? En primer lugar, no tengamos miedo a las evidencias: un bebé que se siente seguro es un bebé calmado, tranquilo, sonriente y que duerme bien (aunque no todas las pesadillas son causadas por la angustia). Este ambiente sereno resulta muy agradable durante estos primeros meses, los cuales, a pesar de todo, nunca son de total reposo. Sin embargo, tranquilizando a nuestro bebé no garantizamos sólo noches apacibles para toda la familia. En efecto, la forma en la que nosotros le proporcionamos seguridad hoy condicionará su desarrollo futuro y la manera en que, más tarde, se enfrentará al mundo.

Una vacuna contra las angustias

Tomemos como ejemplo el caso de Julio, de cinco meses, y de su madre, que consulta a la psicóloga de la guardería. «Siempre tiene hambre», confiesa la madre, que se preocupa, al igual que el pediatra, al ver que la curva de peso de su hijo está bastante por encima de la máxima. ¿Julio llora? Rápidamente acude su madre, biberón en ristre, y Julio lo acepta con placer. ¿Por qué? Porque, a su edad, la succión lo reconforta y lo calma. Julio parece, por tanto, dar la razón a su madre, quien, con buenas intenciones, continúa con esta «alimentación» incesante. El único remedio que conoce Julio para sus angustias durante sus primeros meses de vida pasa, por tanto, por la alimentación. Sin embargo, ¡el cariño también alimenta! Cogido en brazos y acunado dulcemente, Julio sería sin duda calmado de la misma manera. Este malentendido, si se hubiera mantenido durante mucho tiempo, habría podido tener consecuencias en su desarrollo físico, y abrir camino a trastornos de tipo alimentario. La mamá de Julio, muy atenta, ha dado un giro al timón y Julio es hoy en día un niño lleno de vida, ¡y todo músculo!

Es, por tanto, en estos momentos críticos, en los primeros meses, cuando se forma la cohesión interna de la personalidad. Las investigaciones llevadas a cabo en este campo demuestran que un bebé al que se proporciona cariño y seguridad tiene bastantes probabilidades de convertirse en un niño, y luego en un adulto, con menos probabilidades de sufrir angustia. ¡Puede estar completamente seguro de que tranquilizando a un bebé inquieto no lo hará débil!

Proporcionarle referencias

En los años treinta del siglo pasado, la psicoanalista austriaca Mélanie Klein fue la primera en valorar la organización psíquica del recién nacido mediante la descripción de su vida interior y de sus fantasmas. Según ella, el niño, desde sus primeros meses, está inmerso en una serie de angustias que conllevan un sentimiento de persecución o de depresión. Esta teoría ha sido retomada hoy en día por numerosos especialistas del desarrollo infantil, para los que no tener en cuenta la angustia del bebé podría llevarlo a desarrollar, en la edad adulta, graves neurosis. ¿Visión dramática, simplista o reductora? No está tan claro, pues los trabajos llevados a cabo por la doctora Emmi Pickler en los años cincuenta, en la sala de maternidad del orfanato de Lóczy, en Budapest, han subrayado la importancia de la adquisición de este sentimiento de seguridad interior en los más pequeños.

¿Hay que coger al bebé en brazos cuando llora?

Antes, en estas instituciones tan rígidas, los equipos responsables de los niños trabajaban por turnos. Los bebés nunca eran lavados, alimentados, acostados o levantados por la misma persona, que habría podido desarrollar un papel más «maternal». Emmi Pickler puso en evidencia que este ambiente de gran inestabilidad acentuaba la angustia de estos pequeños, ya de por sí con mucho sufrimiento. Entre los principios que han dirigido su investigación, ha demostrado lo fundamental que era, para el equilibrio del niño, que se estableciera una relación regular y privilegiada con un adulto de referencia. También en Lóczy se destacó la importancia de estimular la actividad autónoma de todo pequeño, para ayudarle a tomar conciencia de sí mismo y de su entorno... Todo ello sin olvidar su buen estado de salud física, lo que allí estaba lejos de ser una evidencia.

Gracias a una nueva organización, precisa y adecuada para los más pequeños, así como a los cuidados de calidad donde el bebé es realmente considerado como una persona, los niños criados en estas condiciones pueden desarrollarse en armonía en una situación considerada «de riesgo»: la de un bebé criado exclusivamente en una colectividad. A este respecto, no sorprende que el «estudio Lóczy»,

realizado hace más de cincuenta años, haya llevado sus frutos más allá de la frontera húngara y a
situaciones menos extremas.

La experiencia de las guarderías

Hoy en día, los responsables de las guarderías generalmente tienen establecido un sistema de referen-
tes. Cada bebé suele ser confiado a una persona
bien identificada, que tiene a su cargo a un número
limitado de niños y que es presentada al niño en el
momento en que toma contacto con la guardería
por primera vez. Día tras día, y semana tras semana,
este adulto de referencia, educador o auxiliar de
puericultura, le va a garantizar los cuidados básicos
y va a animar al bebé en sus progresos. Esta persona
también es interlocutor privilegiado de los padres, a
los que contará los pequeños y grandes acontecimientos de la jornada vividos por el niño.

Ciertamente, la cuestión de las referencias se presenta de una forma menos aguda si el pequeño es
cuidado en casa, pero en cualquier caso, a través
de los pequeños rituales cotidianos de la guardería
o de la casa (cambios de pañal, comida, siesta...),

va a comprender de la misma manera que esos acontecimientos de su día a día se encadenan de forma regular. Al cabo del tiempo, estas señales lo tranquilizarán y le permitirán establecer su seguridad interior. Proporcionándole estas referencias, usted ayuda a que su bebé avance y progrese en la vida.

Una llave hacia los aprendizajes básicos

Andar, hablar, reflexionar... ¡Pronto su bebé sabrá hacer todo esto! Ahora bien, según la opinión de los especialistas en desarrollo infantil, la seguridad interior es fundamental para estos aprendizajes básicos. El ejemplo del caminar es muy sorprendente en los bebés de origen africano. Estos niños, acostumbrados a ir pegados al cuerpo de la madre, se comportan desde muy pronto como pequeños acróbatas. Andan, escalan y tienen una seguridad corporal mucho mayor que la de sus compañeros europeos. ¿Por qué? Sin duda porque estos bebés, acurrucados contra su madre, han descubierto el mundo desde el puesto de observación más tranquilizador. Confiados en su capacidad de explorar, estos pequeños no dudan, ya que se sienten capaces a la hora de lanzarse a caminar.

Ciertamente, hay muchos elementos que se inscriben en los genes, pero ¿cómo podría un niño tener ganas de lanzarse a descubrir su universo con serenidad si siente que aquellos a los que más quiere no creen en él? Sin duda, sus tentativas estarán llenas de fracasos. Pero cuando un bebé sabe que están preparados para sujetarlo cuando fracasa, para permitirle empezar de nuevo, acaba por conseguir su objetivo de una forma natural, con una sonrisa de oreja a oreja.

Un buen «capital salud»

El encadenamiento de etapas es idéntico para la adquisición del lenguaje. Si, desde los primeros balbuceos, reafirmamos a nuestro bebé en su capacidad para hacerse comprender y para comunicar, tendrá ganas de experimentar las múltiples combinaciones de palabras sin temor y con satisfacción.

Creer en sus posibilidades, animarlo cuando esboza la intención de llevar a cabo una acción, siempre que no conlleve ningún peligro, contribuirá a que el bebé progrese y se abra poco a poco ante el mundo.

Sin esta sensación de seguridad interior, el niño puede tener dificultades o sufrir un retraso en sus primeros aprendizajes. Por el contrario, un bebé reafirmado en sus capacidades para superar, una a una, las etapas de la vida tiene todo a su favor para convertirse en un niño, y después en un adulto, dotado de un «capital salud» muy satisfactorio, tanto en el plano físico como psicológico. ¡De ahí la importancia de apostar por esto!

Lo esencial

Reafirmando a su bebé y aportándole referencias lo motivará para progresar, avanzar en la vida y descubrir el mundo.

Confiado en su capacidad para superar, una a una, las etapas de la vida, tiene todo a su favor para convertirse en un niño, y después en un adulto, con menos probabilidades de sufrir angustia.

Un bebé que se siente seguro se muestra tranquilo, sonriente…, ¡lo que cualquier padre soñaría para su hijo!

Capítulo 2

Falsas pistas
y buenas ideas

Lo coge, lo acuna, le da el pecho... Y luego vienen las dudas. Entre los comentarios agridulces de su madre y los consejos estrafalarios de sus compañeras, se pregunta si sus cuidados son los más adecuados...

▨ Si llora, ¿debo cogerlo siempre en brazos?

«¿Todavía lo coges en brazos? Lo vas a acostumbrar mal...». ¿Ha oído alguna vez esta reflexión? ¡Seguro que sí! Pero eso no impide que la pregunta nos dé vueltas en la cabeza: ¿estaremos malcriando al niño?

⇨ Hasta los seis meses
Seamos claros. Hasta los seis meses, si acude a coger a su bebé en brazos cuando comienza a llorar, nadie

puede acusarle de alimentar su debilidad. A esta edad, el número de elementos físicos que pueden molestarle es muy importante (cólicos, sed, hambre, sensaciones de sus límites corporales). Cogerlo en brazos es, por tanto, la mejor manera de tranquilizarlo. La prueba: su llanto se atenúa o cesa de inmediato cuando está en brazos. Sin embargo, cuando lo acueste, déjele protestar unos minutos antes de ceder, para luego volver a acostarlo. Estas lágrimas de cansancio son a menudo necesarias para que se duerma. De la misma manera, los llantos nocturnos, que pueden producirse durante su sueño, no justifican que acuda.

Antes de los seis meses, por tanto, no creará en él malos hábitos. Lo ayudará a sentar las bases de su seguridad interior, no a convertirse en un futuro tirano.

⇨ **Entre seis y doce meses**

A esta edad comienza a tener ya algunas manifestaciones de potentado y a probar cuál es su poder. Es normal. Si protesta porque tiene hambre, puede, sin temor a traumatizarlo, dejarlo que proteste (¡incluso vigorosamente!) mientras le habla para demostrarle que ya lo ha oído y entendido: «¡Ya te estoy preparando el biberón! ¡Ahora voy!». En estos casos, sus lloros son una simple manifestación de impaciencia, y se detendrán en cuanto se calme su apetito.

Por el contrario, si se ha caído, si se ha hecho daño, si está inquieto o si afronta algunas etapas difíciles (entrada en una guardería, vacuna en el médico, etc.), ¡no lo dude! En sus brazos encontrará la fuerza necesaria para superarlo todo.

⇨ **Más de un año**

Transcurridos sus doce primeros meses, resulta más fácil comenzar a entender sus emociones. ¿Siente pena? ¿La noche le angustia? Es importante consolarlo, y los brazos son la mejor manera de conseguirlo.

¿Tiene un arrebato? Todo depende de él... y de usted. Cogerlo en brazos puede calmarlo, pero también puede no querer eso y seguir con el arrebato para mostrarle su desacuerdo. En este caso, no insista: el niño necesita llorar delante de usted. ¿Cabe la posibilidad de que no necesite una caricia, sino que usted juegue con él?

A esta edad, las palabras se hacen cada vez más importantes. Puede calmarlo hablándole, a la vez que mantiene un contacto físico (acariciándole la mejilla...), sin tener que cogerlo en brazos. También puede animarlo a que se calme solo, haciéndole comprender que tiene derecho a no estar de acuerdo, pero que usted no está obligado a aguantar sus crisis. Si se calma pasados unos minutos (en general nunca antes del primer año), habrá superado una etapa muy importante de su desarrollo.

Finalmente, también puede coger al niño en brazos simplemente porque eso les agrada a los dos. ¡Así sabrá que no necesita mostrarse inquieto o encolerizado para disfrutar de este dulce privilegio!

¿Es necesario mecerlo?

En el imaginario colectivo, la acción de mecer está estrechamente ligada a la maternidad. Incluso las niñas mecen a sus muñecas «porque no pueden dormir» o «para consolarlas». ¿Por qué a los bebés les gusta que los acunen? Los movimientos rítmicos parecen tener un efecto beneficioso, porque recrean en parte las sensaciones que el niño ha conocido cuando estaba dulcemente cobijado en el vientre de su madre.

⇨ **Cada uno, su método**

¿Hay una técnica específica? Algunos estudios han llegado a la conclusión de que la forma de mecer

más eficaz comprende entre sesenta y setenta osci-
laciones por minuto (similar a los latidos del corazón
en reposo), de amplitud suave. De la misma manera,
parece que el bebé prefiere ser mecido de adelante hacia atrás, antes que de izquierda a derecha.
Finalmente, parece que la gran mayoría de las mujeres (y también las mamás chimpancés y gorilas,
según el zoólogo Desmond Morris) mecen a sus
bebés por el lado izquierdo. ¿Por qué? La razón más
probable es que la madre sujeta inconscientemente
a su hijo lo más cerca posible de los latidos del
corazón, y por tanto del ruido que el bebé escu-
chaba cuando estaba en su vientre.

Pero todo esto es pura teoría. Muy pronto descu-
brirá los movimientos más adecuados para su bebé:
hay quien no deja de andar mientras mece dulcemente a su pequeño, quien lo tiene acurrucado contra su cuerpo y le murmura suaves palabras al oído, o
incluso quien le canta una nana... En cualquier caso,
los movimientos serán efectuados sin brusquedades,
y *sobre todo sin* sacudir al bebé de forma enérgica,
ya que podría resultar muy peligroso.

Nada le impedirá buscar nuevas ideas en otros
continentes... Las madres afganas, por ejemplo, no
mecen siempre a sus bebés en los brazos: sentadas

en el suelo, los colocan sobre sus piernas, con la cabeza reposando sobre sus pies, y luego balancean suavemente las piernas de izquierda a derecha. Por lo que respecta a las pigmeas, sujetan a sus bebés en las palmas de las manos y los mecen con pequeños movimientos de arriba abajo. Son fórmulas que se pueden tener en cuenta para variar... ¡y evitar los calambres!

⇨ **Mecer está bien, pero...**

Hay un principio básico: para ayudar a su bebé a dormir bien, este ha de aprender a conciliar el sueño solo, en su cuna. Por tanto, no hay que permitir que se acostumbre a un ritual que la mayoría de las veces puede resultar invasor (véase el capítulo 7).

Por el contrario, si a lo largo del día siente que su bebé está ansioso o nervioso, no dude en acunarlo suavemente en sus brazos. Este dulce balanceo puede no servir para nada si usted está tenso, pues el pequeño, extremadamente receptivo al lenguaje corporal, puede percibir este nerviosismo y así resultará más difícil que se calme.

Hacia los nueve meses de vida, algunos bebés comienzan a mecerse solos. Se sientan y se balancean de adelante hacia atrás, lo que a menudo inquieta a sus padres. Este comportamiento sin embargo no tiene ninguna importancia, si es breve y poco frecuente. En el caso contrario, merece ser tenido en cuenta, sobre todo si se acompaña de otros trastornos del comportamiento: retraimiento marcado con respecto a los demás, o lloros casi continuos, sobre todo.

¿Por qué necesita un objeto transicional?

«¡No olvides su osito!». Hoy es raro que en la guardería no le reclamen ese objeto mágico que suaviza las separaciones. Muy útil en los momentos más difíciles, se trata del objeto por excelencia para proporcionar seguridad. Durante su primer año, el niño se va a aferrar a este elemento especial que chupa y aprieta contra él. ¿Para qué sirve? Para evocar a la madre ausente. De ahí la importancia que tiene para el bebé.

El célebre pediatra y psicoanalista británico D. W. Winnicott ya habló del papel preponderante de este conocido «objeto transicional» en la vida de todo pequeño. Tanto si se trata de un peluche, un pañuelo o un fular, elementos que este especialista describe como «una parte casi inseparable del niño», se distingue bien de un simple juguete. Un bebé, aunque se

¿Hay que coger al bebé en brazos cuando llora?

sienta fascinado por un pequeño camión, raramente lo elegirá para este fin. ¡No es lo bastante suave, seguramente! Por otra parte, este tipo de objeto raramente es elegido por sus cualidades estéticas. Al cabo de los años, su aspecto no va a mejorar. ¡Sin duda, va a tener una vida dura! Restregado por la nariz, chupado, lanzado por el aire, descuartizado... Todo vale para calmar las tensiones y secar las lágrimas.

⇨ **El olor de la madre**
Este objeto favorito puede ser útil desde los primeros instantes de la vida de un bebé, sobre todo si debe ser separado de su madre. Esto puede ocurrir si se trata de un bebé prematuro, o si la madre debe ser hospitalizada sin él. El pequeño, efectivamente, necesita a su madre para establecer la conexión entre su vida antes y después del nacimiento. Por eso, el olor y la memoria olfativa están especialmente desarrollados en los recién nacidos. Por otra parte, al buscar el seno materno, unos instantes después del nacimiento, dirige sus esfuerzos tanto a calmar su apetito como a respirar su olor. En ausencia de la madre, una prenda (pañuelo, chaqueta de pijama...) impregnada de su aroma permitirá al bebé mantener este lazo y tranquilizarse.

Más tarde, cuando la madre retome su vida laboral o se ausente, la fragancia familiar de su objeto favorito le hará imaginar que está en los brazos maternos. Este objeto, por tanto, va a ser el elemento de unión entre su madre, su casa y los lugares menos conocidos (guardería, etc.). Le permitirá afrontar los momentos de soledad y pasar con una mayor serenidad de los momentos en los que su madre está presente a aquellos en los que se ausenta.

⇨ **Una buena inversión**
Algunos niños pasan bien sin este tipo de objeto. A menudo, estos niños se han acostumbrado a chupar su pulgar o un chupete, a jugar con su mano, a respirar el olor de un dedo o de su brazo, a jugar con su pie... Todos estos rituales, que a menudo pasan desapercibidos ante los ojos de su entorno, pueden ser muy tranquilizadores para ellos. Si su bebé no tiene dificultad en separarse de usted y si se duerme fácilmente por la noche, resultará inútil imponerle un objeto para darle seguridad. Si más tarde siente la necesidad de tener uno, lo elegirá él mismo. Mientras, ¡se ahorrará los dramas en caso de pérdida o de olvido!

Sin embargo, si no puede dormir más que en sus brazos o se muestra inconsolable cada vez que lo

¿Hay que coger al bebé en brazos cuando llora?

deja con otra persona, ¿por qué no ayudarlo a elegir? El objeto tendrá, en las primeras semanas, la
importancia que usted le dé cuando lo pone en las
manos de su bebé antes de la separación. Una vez
que el niño, solo o con su ayuda, haya elegido el
objeto que parece cumplir esta función, será importante que lo lleve siempre en los momentos que se
salgan de la rutina o que puedan resultar inquietan-
tes (en el médico, en la guardería, en el coche, para
dormir...). Cuanto más circule este elemento en los
momentos de ausencia y de presencia de la madre,
más cumplirá su función de objeto transicional y más
tranquilizador resultará para el bebé.

Un consejo: una vez elegido el objeto, procure
conseguir otro exactamente igual, con el fin de alter-
narlo y poderlo lavar cuando llegue a un estado crítico. Confecciónele también una pequeña etiqueta
con el nombre del niño y el número de teléfono (¡los
kilómetros recorridos por padres extenuados para
buscar uno de estos objetos favoritos perdidos equi-
valdrían a varios viajes de ida y vuelta de la Tierra a
la Luna!). Por lo tanto, la inversión es rentable, y más
teniendo en cuenta que estará ligado al niño
durante muchos años, a menudo incluso hasta la
edad adulta. Pero tenga cuidado, no vaya a estar

más atado a este objeto que el bebé: ¡también el niño tiene sus propios recursos, que usted ignora! Por otra parte, a veces, cuando un niño pierde su peluche favorito, es una forma de mostrar que está creciendo. ¿Por qué no aprovechar esta ocasión para que aprenda a estar sin él, si se siente preparado?

Pulgar o chupete: ¿a favor o en contra?

«¿Le has dado un chupete? No sabes lo que haces, ¡te costará quitárselo!», «¡Hay que evitar que se chupe el pulgar, o tendrá dientes de conejo!»... El chupete y el pulgar tienen sus partidarios y sus detractores, tanto desde el punto de vista de los bebés como del de los especialistas en desarrollo infantil.

⇨ ¿Por qué son útiles?
El reflejo instintivo de succión ya existe antes del nacimiento. Son numerosas las ecografías que demuestran que en el vientre de la madre el bebé ya se chupa el pulgar. Así, este reflejo puede desarrollarse desde el quinto mes de gestación, con motivo del roce de los labios con el dedo. Tras el nacimiento, este reflejo le resulta muy útil al recién nacido, pues

¿Hay que coger al bebé en brazos cuando llora?

le permite alimentarse... y sentir placer, fuera incluso de las tomas. Sin embargo, no todos los niños se chupan el pulgar. ¿Es necesario, entonces, darles este medio artificial para calmarse, que es el chupete? La respuesta es: ¿por qué no? Para un bebé inquieto o angustiado, el chupete puede tener un efecto relajante. Además, su forma anatómica parece tener poca (o ninguna) repercusión en la formación de la mandíbula, cosa que no ocurre con el pulgar. Sin embargo, ¡no se trata de que el chupete sea el sustituto de otros gestos maternales y calmantes como las caricias, y sirva de tapón al menor lloro!

El chupete, al igual que el objeto de transición, puede resultar muy útil durante los difíciles momentos de las primeras separaciones. Algunos estudios han demostrado que la succión de un chupete o del pulgar permite, gracias a la secreción de endorfinas —las famosas hormonas del placer—, disminuir el dolor causado por el pinchazo de una vacuna (aunque hoy en día hay parches antidolor que permiten mitigar el dolor de estos pinchazos, lo cual es todavía mejor).

Por otra parte, algunos niños evidencian más que otros esta necesidad de chupar. Se trata de niños que parecen tener siempre hambre. El chupete permite aquí responder a sus necesidades, sin tener que recurrir a una sobredosis de biberón, lo que podría, a largo plazo, conllevar trastornos alimentarios.

⇨ **¿Demasiado apegado?**

¿Considera que su bebé está demasiado apegado al chupete? No se lo quite bruscamente, sobre todo a ciertas edades (seis-ocho meses y trece-quince meses) y en momentos difíciles (comienzo en la guardería, nacimiento de un hermanito, destete...). Sin embargo, evite darle su chupete cuando acaba de comer y cuando está entretenido, y limite su uso a los momentos un poco difíciles: separación, cansancio, hora de dormir o durante la noche, por ejemplo. ¿Hay que recordarlo? Muchos niños consiguen prescindir muy bien de su pulgar y de su chupete, pero, por el contrario, ¡ninguno puede prescindir del cariño!

¿Hablarle? Vale, pero ¿qué decirle?

«Antes de los dos años no sirve de nada hablarles; no entienden nada», afirman algunos padres. «Yo le hablo de todo, como a una persona mayor», dicen otros. ¿Hay que hablar a los bebés? ¿De qué? ¿En qué tono? ¿Nos entienden? He aquí muchas pre-

¿Hay que coger al bebé en brazos cuando llora?

guntas que se siguen planteando, aunque numerosos estudios se interesan por este tema.

⇨ **Acunado por la voz**
Antes de ser sensible a las palabras, el bebé es sensible a la voz. Desde Terry B. Brazelton, pionero en la investigación sobre la hipersensibilidad de los recién nacidos, los especialistas están de acuerdo por lo menos en un punto: el recién nacido reconoce la voz de su madre entre las de otras mujeres, y reacciona cuando la oye. Identifica también la de su padre, con la condición, sin embargo, de que este le haya hablado lo suficiente cerca del vientre de la madre durante la gestación. Así, en los primeros instantes de su existencia, el bebé es acunado por las palabras de su madre, incluso cuando esta no se dirige a él, y su voz lo calma. Este fenómeno se puede ver muy bien en los servicios de neonatología que acogen a niños prematuros: resulta muy emocionante ver a un pequeño en su incubadora volviendo la cabeza hacia su madre en cuanto la oye hablar.

⇨ **Las palabras sientan bien a los bebés**
Hablar está bien, pero no hay que transformarse en un torbellino de palabras.

Antes que nada, el lenguaje ha de tener sentido. El bebé no es un lingüista precoz, es cierto, pero algunos estudios han demostrado que un bebé de dos días es completamente capaz de reconocer, en su lengua natal, las siguientes tres emociones en las entonaciones de una voz femenina: la alegría, la cólera y la tristeza. ¿Y qué prefiere? La expresión alegre...

Así, desde sus primeros instantes de vida, el tono adquiere sentido. Desde los siete u ocho meses de vida, por ejemplo, el bebé no entiende todavía el significado preciso de las palabras o frases, pero las inflexiones de la voz, la mímica y los objetos utilizados para reforzar lo que se pretende decir le dan un significado concreto. Por ejemplo, si le anuncia: «Vamos a prepararnos para dar un paseo por el parque» enseñándole su abriguito, es probable que el bebé mire hacia la puerta. De la misma manera, si le felicita porque se mantiene bien sentado, por el tono de su voz y la expresión de su cara el bebé comprenderá rápidamente que se siente orgullosa de él. ¡No se asuste si no es muy habladora! Lo importante es que hable a su hijo como quiera. ¡El aprendizaje del lenguaje es un hecho natural, y el niño no necesita un profesor de dicción!

¿Hay que coger al bebé en brazos cuando llora?

⇨ **Palabras para sus emociones**

Lo alimenta con leche y cariño, pero también con palabras, cada vez que se dirige a él dulcemente, describiéndole lo que está haciendo en ese momento. Este baño afectivo de lenguaje introduce al bebé en el universo de la palabra y del entendimiento del mundo. Y no hay ninguna razón para prohibirse hablar de esta manera con un bebé, si lo siente así.

Es importante, para dar seguridad al pequeño, poner palabras a sus emociones, pero sin tener que transformarse en un traductor permanente. Este acompañamiento le permitirá sentirse aceptado y comprendido por usted, en los momentos difíciles en los que se enfrente al miedo o a la angustia de la separación (véanse los capítulos siguientes). Gracias a las palabras, va a poder tomar conciencia de sus competencias de bebé y pondrá, poco a poco, orden a sus sentimientos y emociones.

⇨ **Emitir hipótesis**

Hablar, sí, pero ¿cómo? No basta con hablar sin cesar para que un bebé se sienta comprendido y se tranquilice. Incluso los adultos saben que algunas palabras pueden inhibirlos o inmovilizarlos en la incapacidad y la angustia. Analicemos el ejemplo de Laura y su hijo de diez meses, Juan, que está llorando: «Tienes hambre, es la hora de tu biberón, yo te lo preparo». Sin embargo, Juan no quiere su biberón, y continúa llorando, cada vez con más enfado: «¿A qué se debe este escándalo? ¡Te hago un biberón porque tienes hambre y no lo quieres! Y, además, estás tan nervioso que no puedes ni bebértelo». Sin duda, esta madre está atenta y busca una solución para calmar a su niño. Sin embargo, a pesar del fracaso de su tentativa para tranquilizar a Juan, no pone en duda lo que ella piensa que es lo mejor para él. Sólo algunas afirmaciones responden a su malestar. ¿Qué madre no se ha encontrado alguna vez en esta situación? Sin duda habría sido mejor que Laura dijese, con sus propias palabras: «¿Qué es lo que no funciona hoy? ¿No quieres comer? ¿Tal vez estás muy cansado? ¿No estarás enfermo? ¿Quizá te va a salir un diente? En todo caso, me siento incapaz de ayudarte...». Evidentemente, esto no es una receta milagrosa y no basta para calmar a un niño, sobre todo si se siente irritada por su llanto. Pero formulando estas hipótesis, abre a su bebé la posibilidad de poner palabras a sus emociones y sentimientos, sin arrojar la culpa sobre él. Así, le habla de lo que siente sin reprimirlo, sino dejándole que sea dueño de lo que pueda sentir.

¿No es demasiado pequeño para historias de miedo?

Los cuentos, sin duda alguna, son buenos para los bebés. Los pequeños se adormecen al ritmo de las palabras, de la melodía de las frases, se familiarizan con el lenguaje y con los comienzos típicos de estas historias: «Érase una vez...». Sin duda, al igual que numerosos padres, puede tener la tentación de evitarle las lecturas escalofriantes, bajo el pretexto de que el mundo ya es lo bastante cruel. Pero no sólo leyendo a su hijo de dieciocho meses historias pobladas únicamente de conejitos rosas le evitará las angustias. Aquellas que hablan de la vida cotidiana, de las etapas un poco difíciles de superar (como la entrada en la guardería, la llegada de un nuevo hermanito...) también tienen un papel en el aprendizaje del miedo, de sus emociones y de las de los demás. Los relatos, aunque sean cortos, que abordan temas dolorosos, sugieren al niño mecanismos para superar su miedo: frente a alguien más fuerte, puede demostrar su astucia, desarrollar su agilidad...

Algunos educadores de guarderías dan testimonio de un éxito importante de los cuentos que ponen en escena ogros y brujas, entre los niños de dieciocho meses. Lejos de originar miedos en los pequeños, les permiten materializar sus angustias. Leyendo una historia a su hijo, le presenta una visión del mundo. ¿Esto es espantoso? Si le cuenta una historia de miedo en un ambiente tranquilizador, señalando las imágenes, subrayando las palabras y estrechándolo contra su pecho, cuando el pequeño héroe está triste o cuando el monstruo sea amenazante, la experiencia sólo puede ser positiva. Mientras tanto, el tono que emplee también tiene su importancia. Lo más adecuado es que se exprese vivamente, pero sin excesos, ya que entonces podría desconcertarse: ¡nada de rugir muy fuerte para imitar al ogro que se come a los niños! Tampoco se enfrasque en largas historias complicadas: la capacidad de atención de un niño de año y medio o dos años se limita a menudo a unos minutos. De la misma manera, no se decepcione si todavía parece no compartir su gusto por la lectura... ¡Simplemente no es su prioridad en este momento!

Cuando crezca, se irá enfrentando a miedos reales que asociará a estos miedos imaginarios, lo que es muy positivo. ¡Entonces, verá cómo los relatos de miedo se vuelven a solicitar con mucho énfasis!

¿Hay que coger al bebé en brazos cuando llora?

Me dicen que lo protejo demasiado...

¡Simón tiene suerte! Su padre es bombero, un auténtico bombero, con un casco brillante y que conduce un camión rojo. A los siete meses, Simón todavía no se imagina el éxito que tendrá entre sus compañeros cuando cuente que su padre se sube a lo alto de la gran escalera. Por el contrario, lo que siente confusamente Simón es que todo lo que emprende es un potencial peligro, ya que su padre ha visto muchos accidentes... ¿Su hermano está comiendo? ¡Cuidado, podría atragantarse! ¿El baño? Prudencia: uno se puede ahogar tan rápido... ¿Se pone de pie? Cuidado, se va a caer... ¡Y, seguramente, Simón se cae, ya que su papá lo ha previsto!

El padre de Simón, como todo papá (o mamá) «gallina», está movido por las mejores intenciones del mundo... Pero este exceso de precaución, en lugar de dar confianza al niño, le proporciona la sensación de que el mundo es una amenaza, y que el peligro está en todas partes, lo que contribuye a reforzar su sentimiento de inseguridad. ¡Y también aquí las palabras tienen su importancia! Cuando el padre de Simón le dice: «Te vas a caer», ¿es una orden o un aviso de alerta? Sería mejor que dijera:

«¡Cuidado, puedes caerte!», ya que esto no le obliga a obedecer...

⇨ **No anticiparlo todo**

Para cada padre resulta, por tanto, de suma importancia encontrar el nivel de protección normal que permita al niño experimentar con su cuerpo en diferentes situaciones.

Si a los dieciocho meses siente ganas de acariciar a un gato, se le puede dejar que lo haga estando siempre cerca de él, sin asegurarle: «¡Ten cuidado, te va a arañar!». Hacia los dos años, si le dice que tiene mucho calor y quiere quitarse su chaleco, puede darle un voto de confianza, ¡salvo en el caso de temperaturas extremas!

No intente siempre anticipar lo que puede sentir. Para desarrollarse en armonía, el bebé debe poder experimentar e innovar. Afortunadamente, en una pareja, raramente ambos son hiperprotectores. Uno de los dos puede acompañar al niño en sus exploraciones más aventuradas.

Tal vez aquellos que insinúan que usted protege demasiado a su hijo no tengan necesariamente razón. En este ámbito, también, existen modas e ideas heredadas, y esto sin contar a aquellos que creen que lo saben todo porque han criado cuatro hijos o han hojeado unos libros sobre el tema... Usted no está obligado a sintonizar con su madre en lo referente a la educación de su bebé. Sin embargo, si oye con mucha frecuencia que lo protege demasiado, puede haber un fondo de verdad... ¿Tal vez le duele verlo crecer y alejarse de su lado?

¡Le corresponde a usted preguntarse por los motivos que le llevan a proteger a su hijo más allá de lo razonable!

Lo esencial

En sus brazos, su hijo establece los fundamentos de su seguridad interior. Si está inquieto, ahí encuentra la fuerza necesaria para retomar la confianza.

También puede calmarlo hablándole, sin tener que cogerlo necesariamente en brazos.

¡Incluso las palabras estremecedoras son buenas para los bebés! Las historias de miedo les proporcionan los medios necesarios para superar sus propios temores.

¿Chupa su pulgar o el chupete? Si el reflejo de succión lo calma, permítale que lo haga. Si lo vigila con atención, no correrá el riesgo de «engancharse».

El objeto que proporciona seguridad por excelencia es el objeto transicional, que le recuerda a la madre. Resultará útil en la vida cotidiana, en los momentos difíciles que pueda atravesar el bebé.

Capítulo 3

Descubre su individualidad

Detesta las caras nuevas, comienza a ser consciente de la existencia de objetos fuera de su mundo, descubre su reflejo en el espejo... El bebé construye así las bases de su unidad psíquica, etapa fundamental donde él se da cuenta de que es un individuo distinto a su madre.

Durante nueve meses, el bebé y su madre han constituido un solo cuerpo. Ella le facilitaba el alimento y el oxígeno indispensables para su desarrollo. Además de la unión física que representa el cordón umbilical, numerosos psicoanalistas coinciden en la existencia de un cordón psíquico entre la madre y el bebé, un auténtico barómetro que permite captar dentro del útero el estado emocional de la madre.

¿Hay que coger al bebé en brazos cuando llora?

Tras el nacimiento, esta ilusión persiste. Serán necesarios algunos meses antes de que el bebé se dé cuenta, a su manera, de que es distinto a su madre y al entorno que le rodea.

Ahora bien, es fundamental para su desarrollo que se separe de esta fusión. El hecho de superar bien esta etapa condicionará en gran medida su sensación de seguridad.

¿Qué puede hacer para ayudarlo a superarla? Lo que usted ya hace a menudo de forma instintiva sin saber el valor de sus actos. Coge a su pequeño en brazos, le deja acurrucarse en su regazo, respirar su olor y adormecerse con el murmullo regular de los latidos de su corazón. Este cuerpo a cuerpo le proporciona a su pequeño la impresión de ser «sostenido», y le da seguridad. Paradójicamente, con este cuerpo a cuerpo le está ayudando a separarse de usted y a conseguir su propia autonomía.

Durante las primeras semanas, la madre es la referencia, la que generalmente le proporciona una mayor tranquilidad. Pero hoy en día, cada vez más padres sienten la importancia de este contacto con su bebé y lo cogen en brazos o lo pasean confortablemente colocados en una mochila portabebés. ¡Sin duda, esto es mucho mejor!

Hacia los ocho meses, el miedo a los extraños

Hasta ahora, Teo, de siete meses, era un bebé distendido y sonriente que dejaba que se acercaran y lo cogieran personas a las que conocía poco. Sin embargo, desde hace quince días, desde que unos amigos de sus padres estuvieron en casa, empezó el problema. Teo parece asustado, llora, su madre debe intervenir rápidamente cogiéndolo en brazos para tranquilizarlo. Sus padres están inquietos y preguntan al personal de la guardería. ¿Hay algo que pueda explicar esta reacción de temor ante cada nueva cara? Aparentemente, nada ha sucedido en la vida de Teo que explique este cambio de actitud..., salvo que atraviesa, con un poco de adelanto en el calendario, la famosa crisis de los ocho meses. Durante esta etapa tan sensible, el bebé, a menudo de forma súbita, muestra temor ante todas las personas que no son su madre (o su sustituto: persona de referencia en la guardería, canguro, etc.).

⇨ **¿Qué es lo que pasa?**
A partir de los cuatro o los cinco meses, el bebé comienza a identificar a las personas que gravitan a

su alrededor, y toma sus primeras referencias. Unas semanas más tarde comienza a mantenerse sentado, él solo, y empieza a llevar a cabo pequeños actos de autonomía que espacian el tierno cuerpo a cuerpo con su madre. En este momento, se produce un giro de ciento ochenta grados. El bebé se enfrenta a una brutal consecuencia de la angustia de sus primeras semanas, y sólo reserva sus sonrisas a la gente escogida con cuidado: es la crisis de los ocho meses, que, en opinión de los especialistas en bebés, aparece hoy mucho antes que cuando fue descrita por Spitz, un psicólogo de los años cincuenta. Dicho de otra manera: aunque continúa llamándose la crisis de los ocho meses, este episodio puede tener lugar perfectamente a los cinco, seis o siete meses, como en el caso de Teo.

• **Explicación.** En la época de Spitz, los bebés eran casi siempre cuidados por sus madres y hasta el periodo del destete no comenzaban a separarse de ellas. De ahí es comprensible esta actitud en torno a los ocho meses. Hoy, por el contrario, los bebés acostumbran a ver el mundo muy pronto, y está constatado que muestran tendencia a apartarse de las caras poco familiares alrededor de los seis meses, a la

edad en la que han adquirido un primer nivel de autonomía que hace a su madre un poquito menos presente e indispensable, ¡aunque todavía lo es mucho!

Esta crisis de los ocho meses es la primera manifestación de una larga serie de avances y regresiones
que marcan la vida de todo bebé. Durante los dos
primeros años, cada nuevo aprendizaje conlleva un
momento de angustia que conduce al niño de
nuevo a sus brazos. Esta fase no debe considerarse
como algo inquietante, ¡todo lo contrario! Estos
periodos de pequeñas regresiones son indispensables para el buen desarrollo del bebé. No renuncie
por tanto a ver el mundo, aunque se muestre un
poco salvaje.

⇨ **Un paso obligado**
Esta angustia puede también manifestarse frente al
padre, que a menudo tiene la impresión de ser
excluido de este tierno dúo mamá-bebé, al igual
que ocurría en los primeros días. Este aparente
rechazo brutal puede resultar un trastorno para los
padres. Pero, afortunadamente, se trata de una
etapa corta, y sobre todo es positiva. Efectivamente,
durante este periodo es cuando el bebé experimenta que se ha despegado de su madre y toma

conciencia de su individualidad. Comprende defini-
tivamente que hay otras personas que gravitan en
torno a él: los allegados, los conocidos... y los desco-
nocidos. En breve, pondrá en marcha su propia
jerarquía. Al mismo tiempo, establece las primeras
marcas de su constitución psíquica.

• **Qué hay que hacer.** Es importante tener en
cuenta esta angustia y tranquilizar al niño. Se puede,
por ejemplo, cogerlo en brazos, sin crearle malos
hábitos, y hablarle nombrando a las personas que lo
asustan en ese momento. Le puede decir, por ejemplo: «Mira, es Isabel, una amiga de mamá, no la
había visto desde hace mucho tiempo, por eso tú no
la conoces». También le podrá decir: «Mira, es papá,
que vuelve del trabajo como todas las tardes, y tiene
ganas de verte. Cuando quieras, puedes ir a sus brazos para hacerle una caricia o para jugar». En
cuanto a papá, temporalmente excluido, que se
tranquilice: ¡en unas semanas, en cuanto cruce el
umbral de la puerta, reclamará en vano poder quitarse el abrigo antes de dejarse asir bruscamente por
su bebé! Por tanto, no hay que dramatizar. Puede
explicarle dulcemente a su hijo, sin obligarle a ir a sus
brazos: «Estaba en el trabajo, pero he pensado

mucho en ti; ahora, estoy contento de veros a ti y a mamá», ya que para los bebés rodeados durante todo el día de voces femeninas las voces graves resultan la mayoría de las veces impresionantes. Así, las cosas deberían volver a su cauce muy pronto.

Por el contrario, si este comportamiento un poco latoso persiste, tal vez debería interrogarse sobre su propia actitud. Una madre puede sentirse halagada de ver que su bebé le manifiesta un amor exclusivo... o a la inversa: molesta, puede tener tendencia a ponerlo frente a los demás de una manera un poco autoritaria. Tanto en un caso como en el otro, puede reforzar la aprensión de su bebé hacia el mundo exterior. Por tanto, conviene prestar la suficiente atención y mostrarse flexible para que se despegue poco a poco, de una forma serena.

«¡Cucú! ¡Está ahí!»

En esta misma etapa, el bebé descubre lo que el psicólogo suizo Jean Piaget denominó «permanencia del objeto». Bajo este nombre un poco complicado se esconde una noción muy simple, fundamental en el desarrollo del niño. ¿El principio? Hasta

¿Hay que coger al bebé en brazos cuando llora?

aproximadamente los nueve meses, si escondemos un juguete bajo una colcha, ante los ojos del bebé, este no lo va a buscar. Para él, si el objeto desaparece, simplemente deja de existir. Progresivamente, se va dando cuenta de que la realidad es diferente. Entonces, va a buscar debajo de la colcha y va a hacer aparecer de nuevo el objeto en cuestión. ¡Un descubrimiento nada anodino! Reafirmado en el hecho de que los objetos existen, incluso cuando están fuera del alcance de su vista, el bebé va a comprender que cuando cruzamos el umbral de la puerta, podemos volver de un momento a otro... Esta toma de conciencia es tan fundamental que le va a permitir soportar mejor nuestras ausencias.

⇨ El dominio de la ausencia

El padre del psicoanálisis, Sigmund Freud, que sin embargo trabajó muy poco con bebés, observó a un niño de su entorno que jugaba con una bobina en ausencia de su madre. Constató que, cuando lanzaba la bobina bajo el mueble, el niño decía *fort* («lejos»), y luego la recuperaba con una viva satisfacción diciendo *da* («ahí»). Dedujo que este objeto materializaba para el niño las ausencias de su madre, y le permitía dominarlas mediante el juego.

Al ser satisfecho su deseo, podía controlar su angustia de separación manipulando la ausencia y la presencia. Así, el niño adquiría un sentimiento interno de seguridad. ¡No es extraño, por tanto, que antes de su primer año el bebé adore los juegos de escondite!

Alrededor de los nueve meses, se abre así el divertido periodo de los «¡Cucú! ¡Está ahí!». Se puede jugar indefinidamente a hacer aparecer y desaparecer un objeto, o a cubrir y descubrir nuestra propia cara con la mano, exclamando alternativamente: «¡Cucú! (con la cara cubierta), ¡aquí estoy! (con la cara descubierta)», con un éxito prácticamente seguro. Mediante este juego, el bebé, con nuestra ayuda, obtiene la posibilidad de dominar algunas situaciones que le producen inseguridad, resuelve la ansiedad que genera nuestra ausencia y, así, refuerza su seguridad de base.

Se descubre en el espejo

Los padres de bebés que van a la guardería se sorprenden a veces cuando visitan las instalaciones reservadas a los más pequeños: a menudo la parte inferior de una de las paredes está cubierta por espe-

¿Hay que coger al bebé en brazos cuando llora?

jos en los que los niños, sentados en sus asientos o ga-
teando a cuatro patas, pueden contemplar su
reflejo. Esto suscita algunas dudas: ¿resulta útil ani-
marlos a mirarse? ¿No sería mejor que se interesaran
por los demás? ¡No, el objetivo de estos dispositivos
no es estimular el narcisismo de los bebés! Al contrario: la capacidad de un niño para reconocerse en el
espejo es primordial para que se sienta una persona
en su totalidad, etapa clave de su desarrollo motor y
psíquico, cuya importancia ha sido resaltada por el
psiquiatra y psicoanalista francés Jacques Lacan.

Tomemos el ejemplo de Camila, de once meses.
La pequeña está en el cuarto de baño, en los brazos
de su madre. Las dos se miran en el espejo. A
menudo, Camila se vuelve hacia su madre admi-
rada, y luego mira de nuevo el espejo. En este
momento, intrigada, quiere tocar su reflejo, como en
un intento de querer comprender mejor el fenómeno.

¿Qué pasa en la cabeza de Camila? Hasta los seis
meses, aproximadamente, ella no ha sentido los límites corporales y sus contornos más que cuando ha
sido cogida en brazos, en el aseo cotidiano o en sus
primeras caídas. Por el contrario, todavía no tiene
una representación visual de sí misma. Entre los seis y
los dieciocho meses, y a lo largo de varias etapas,

ella va a descubrir su reflejo en el espejo y a identificar su propia imagen.

⇨ **«¡Es tu reflejo!»**
A menudo, el bebé, al igual que Camila, va a tomar conciencia de que el espejo refleja su imagen en el momento en que es llevado de un lugar a otro. Siente este movimiento y se ve allí, en el espejo. Reconoce a su madre y luego, por deducción, su propia imagen, ya que ese bebé que lleva su madre no puede ser otro que él.

¿Cómo acompañarlo en este descubrimiento? La médica y psicoanalista Françoise Dolto aconsejaba a los padres que explicaran al niño: «Es tu reflejo, el espejo permite que te veas», antes que decirle: «Eres tú en el espejo». A través de su experiencia y de nuestras palabras, el bebé va a tener así la confirmación de que hay dos individuos distintos: su madre y él mismo.

Lo esencial

Paradójicamente, mediante el cuerpo a cuerpo con su bebé, lo ayudará a separarse de usted y a construir su unidad psíquica.

¿Hay que coger al bebé en brazos cuando llora?

Aproximadamente a los ocho meses, periodo considerado sensible, el bebé se ve enfrentado a una brutal consecuencia de las angustias de sus primeras semanas. De forma súbita, comienza a temer a toda persona distinta a su madre.

Entre los seis y los dieciocho meses, el descubrimiento de su imagen en el espejo va a permitir al bebé comprender que es una persona en su totalidad. Ya lo sentía, pero ahora va a «ver» que es diferente a su madre.

Capítulo 4

Establece sus límites corporales

**Para dar seguridad al bebé, ¡nada mejor que
los brazos de su madre! Llevándolo en brazos,
le permite sentir los límites de su cuerpo y consolidar
su unidad física. Una toma de conciencia que le va
a proporcionar el deseo de avanzar hacia delante
y explorar las fronteras de su territorio.**

«¡En brazos!»: la importancia de llevarlo así

Al final del embarazo, seguramente ha sentido que
su bebé se movía un poco menos. Hay que decir
que no le quedaba demasiado sitio para girarse...
Después del nacimiento, el bebé va a buscar la sensación que tenía cuando su cuerpo estaba totalmente rodeado por el envoltorio protector maternal.

¿Hay que coger al bebé en brazos cuando llora?

Este contacto le va a permitir sentir los límites de su cuerpo, que todavía no conoce muy bien. En efecto, el bebé todavía no sabe lo que es su cuerpo y lo que no lo es...

Por tanto, el hecho de ser cogido en brazos y llevado así le va a permitir sentir su individualidad: poco a poco, toma conciencia de que sus dedos están unidos a sus manos, que estas se prolongan en sus brazos, los cuales, a su vez, se unen al tórax... En fin, que forma un conjunto cerrado. Cuando, desde el momento en que nace, lleva a su bebé cuerpo a cuerpo, o, al salir de la maternidad, lo lleva en una mochila portabebés, sujetando bien su cabeza y sus hombros con las manos (para que se sienta llevado, y no suspendido), usted está sentando las bases de su esquema corporal.

⇨ **Un bebé bien rodeado**
Estas sensaciones las va a buscar también por sí mismo. ¿Se ha fijado, tal vez, durante la estancia en el hospital, cómo le gustaba al recién nacido arrimarse a las paredes de su cuna? En efecto, busca encontrar las sensaciones que tenía en el útero de un contacto estrecho contra su cuerpo. De ahí el interés de elegir como primera cama una encanta-

dora cunita o moisés, y esperar unos meses antes de optar por una «gran» cuna con barrotes, en la que correría el riesgo de sentirse un poco perdido...

Un día muy caluroso, la madre de Lena, de dos meses, la viste con un simple pañal, convencida de que a su pequeña le gustará esa sensación de libertad. Ahora bien, la niña no cesa de llorar y no se calma hasta que su madre la acuesta envuelta en un pijama saco.

Debido a lo mucho que disfrutan con esta sensación de envolvimiento, a los bebés no les gusta estar desnudos, ¡ni siquiera los días en los que hace más bochorno! Una prenda de algodón ligera que los envuelva resulta a menudo indispensable para su bienestar. Sin embargo, ¡no se trata de volver a las envolturas de principios del siglo xx, que aún siguen de moda en algunos países! Sin embargo, tapando al bebé, le proporciona una sensación de abrazo que lo tranquiliza.

«Con la ayuda de la tecnología moderna, algunos médicos han constatado que los bebés suavemente envueltos en una manta o un mantón tienen un ritmo cardiaco ralentizado y una respiración más tranquila y regular. Por otra parte, están menos alerta, lloran menos y duermen más. Los bebés sin

¿Hay que coger al bebé en brazos cuando llora?

estas prendas están llenos de vida, pero también más nerviosos, más tensos y mucho más agitados», remarca Desmond Morris,[1] conocido zoólogo inglés que se ha centrado durante mucho tiempo en la especie humana.

⇨ **¡Cámbielo de posición!**

En las sociedades tribales, generalmente se acostumbra a llevar el bebé siempre cuerpo a cuerpo. En nuestra sociedad, en cambio, no es raro escuchar entre los padres jóvenes: «¿Todavía lo llevas en brazos? Lo vas a acostumbrar mal...», o también: «¿No temes ser una madre demasiado apegada?». ¿La mejor actitud? Deje que digan... y continúe. Durante sus primeros meses, en efecto, es muy importante para el bebé que lo cojan en brazos: ningún cochecito, por muy acogedor que sea, podrá reemplazar este contacto ni permitirá que se refuerce tanto la unidad corporal del pequeño.

Cuando está despierto, el bebé también aprecia los cambios regulares de postura. Hoy en día se sabe que es mejor, salvo casos particulares, acostarlo boca arriba para dormir. Lejos de ser una moda, esta

---

1. En *Le Bébe révélé*, Calmann-Lévy, 1995.

postura ha permitido reducir considerablemente los casos de muerte súbita del recién nacido. Pero nada impide que ponga a su bebé, cuando está despierto y con la condición de que permanezca siempre cerca de él, unos instantes (no más de unos minutos) boca abajo, de lado, sentado... Sin abusar y sin caer en la hiperestimulación motriz, lo ayudará a tomar conciencia de su cuerpo. ¡Sin embargo, el niño ha de poder avanzar a su ritmo! Permaneciendo atenta le ayudará también a establecer las bases de su esquema corporal, es decir, la forma en la que él se percibe en el espacio, uno de los elementos fundamentales que va a potenciar su seguridad interior.

El bebé que explora

A partir de los seis meses, una vez establecida esta primera unidad corporal, el bebé va a intensificar y diversificar su acción exploradora. ¿Cómo descubre el mundo? Desplazándose, evidentemente, pero no sólo así. Para conocer mejor el entorno que le rodea tiene una herramienta esencial: su boca. En los primeros meses de la vida de un recién nacido, que comprenden desde el nacimiento hasta los trece meses, hay una primacía de la zona bucal (de ahí el origen de la expresión *fase oral*, definida por Freud). La boca, esa «cavidad primitiva» descrita por el psicoanalista René Spitz en sus investigaciones sobre la relación madre-niño, es en efecto el primer nexo funcional del bebé con el mundo. Lejos de limitarse a algo pasivo, la boca es el objeto de un vivo placer que las tomas, de pecho o de biberón, provocan y estimulan. «La necesidad fisiológica de succionar aparece a las primeras horas de vida, pero, una vez lleno, el bebé continúa durante el sueño de su digestión chupando sus labios, mientras su aspecto exterior tranquilo y plácido refleja el deleite», subraya Françoise Dolto.

Una vez saciado, el bebé se lleva todo a la boca para explorar su territorio, pero también para reproducir el placer que acaba de experimentar. Es la etapa en la que los padres han de ser prudentes al acercarse a este pequeño ávido de descubrimientos. No hay que dejar a su alcance cosas pequeñas, sucias o peligrosas que se pueda llevar a la boca. Por el contrario, es importante dejarle que descubra esta nueva vía de conocimiento, siempre en los límites de lo razonable. Sería una lástima quitarle sistemáticamente todos los objetos que «testa» un bebé de nueve meses bajo el pretexto de que no han sido esterilizados.

⇨ **Pequeñas expediciones y grandes descubrimientos**
Progresivamente, su sed de descubrimientos va a llevar al bebé, como al pequeño Rey León, a explorar las fronteras de su territorio. Al principio, sus capacidades motrices limitan un poco sus posibilidades. ¡Afortunadamente, usted está ahí!

Para ayudarlo a progresar, hay que saber encontrar el punto justo. Por ejemplo, resulta totalmente inútil, por no decir nefasto, exponerlo sistemáticamente al fracaso, como hacen algunos padres demasiado apresurados, animando al niño a caminar cuando todavía apenas se sostiene sentado. ¡Pero tampoco se trata de anticipar el menor de sus gestos para que no tenga ninguna necesidad de enseñarnos de qué es capaz! La mejor actitud consiste en acompañar al niño, sin quemar las etapas y sin crear-le inseguridad, lo que le proporcionará ganas de continuar asombrándonos.

Hay unas normas que se pueden recordar aquí de forma resumida: hacia los cuatro meses, comienza a apoyarse en los brazos; a los cinco meses, aprende a darse la vuelta girando sobre sí mismo, y hacia los

¿Hay que coger al bebé en brazos cuando llora?

seis meses se mantiene sentado sin ayuda; hacia los nueve meses, puede comenzar a gatear o a reptar de una u otra forma más o menos original (sobre una nalga, una pierna...) antes de comenzar a caminar. ¡Pero no todos los niños están preparados a la misma edad! Algunos comienzan a caminar muy pronto, hacia los diez meses, y otros aproximadamente a los dieciocho meses. También son muchos los que se conforman, durante varios meses, con su desplazamiento a cuatro patas, que satisface plenamente su función exploradora. Otros, sin embargo, se quedan tranquilamente sentados. Estos pequeños contemplativos prefieren observar, y necesitarán más tiempo para poder dar sus primeros pasos. Algunos bebés también necesitan sentirse a gusto antes de pasar a la etapa siguiente. ¡Pero esto no quiere decir que hablarán tarde, o que serán menos espabilados o menos inteligentes! Puede, por el contrario, que su pequeño observador se manifieste rápidamente como un gran hablador...

⇨ **Confíe en sus capacidades**

¿Son útiles los andadores? Ciertamente, estos pequeños carritos con ruedas (las opiniones con respecto a ellos están divididas, y sólo coinciden en que deben ser utilizados con moderación) le permiten desplazarse solo, para su regocijo. Pero en los brazos de su papá o en la mochilita portabebés con su mamá, el bebé se desplaza también de forma segura: puede oler una flor, sujetar un tejido entre sus manos, tocar un cristal... Y descubrir su universo desde otro punto de vista.

Sin que el caminar se convierta en una obsesión, puede motivarlo a ir hacia los demás y a descubrir otros sitios, actuando con dulzura y sobre todo sin presionarlo. ¿Su papel? Animarlo, si siente miedo. Si se cae sobre las nalgas, es mejor que evite precipitarse sobre él (más sabiendo que los pañales van a amortiguar la caída), lo que podría hacer que viviera esto como un peligro. Por el contrario, puede desdramatizar y animarlo a que se levante. Gracias a esta actitud tranquilizadora, va a convencerse, al igual que usted, de su propia capacidad para andar, para trepar y para plantar cara a los obstáculos. Poco a poco, se sentirá preparado para soltar su mano y caminar solo.

⇨ **¡Dejen sitio al más temerario!**
Mientras, si titubea a la hora de lanzarse, puede deberse también a que percibe una gran ansiedad

en su entorno, lo que le impide correr el menor riesgo... En este caso, ¿por qué no confiar al más tranquilo de sus padres el trabajo de animarlo en esta nueva experiencia?

A menudo, la figura paterna está muy capacitada para esto. Generalmente es el padre quien permite al niño, encaramado sobre sus hombros, descubrir todo lo que le rodea, o quien le da la oportunidad, mediante juegos más físicos, de explorar sus límites corporales.

Estos pequeños alborotos deben hacerse con gran suavidad, cuando el bebé ya haya adquirido cierta tonicidad y solamente si él lo encuentra placentero.

También conviene estar atentos a no pasar el nivel de excitación razonable, ya que tardaría tiempo en calmarse y en conciliar el sueño, y podemos correr el riesgo de no pegar ojo.

¿Hay que recordarlo? En ningún caso hay que levantar fuertemente al pequeño por el aire, ni agitarlo enérgicamente con el pretexto de jugar o de calmarlo. Recientemente, algunos médicos han alertado a los padres contra comportamientos de este tipo que, en algunos casos, han provocado lesiones cerebrales graves.

¿Se plantea recorrer orgullosamente el pueblo con su hijo subido sobre sus hombros y a él no le gusta? Espere unas semanas antes de volver a intentarlo. Aunque suponga un peso un poco más grande sobre sus hombros, su aspecto embelesado le recompensará con creces esta pequeña espera.

Lo esencial

En sus primeros meses de vida, el bebé no conoce bien los límites de su propio cuerpo. Todavía no sabe lo que forma parte de su cuerpo y lo que no.

Llevándolo en brazos, lo ayuda a tomar conciencia y a establecer su unidad física.

Gracias a los ánimos que usted le infunde, su sed de descubrimientos lo va a llevar a explorar las fronteras de su territorio.

Los padres se muestran a menudo menos ansiosos que las madres. Dejémosles que animen a los niños en sus nuevas experiencias.

Capítulo 5

Separaciones constructivas

Sigue de cerca sus pasos, abandona sus juguetes cuando no está cerca para jugar con él, no quiere acostarse, forma todo un drama si lo deja dos horas con la canguro... En este momento, su bebé resulta un poco latoso. ¿Es normal?

Cuando surge la angustia de la separación

La vida del bebé está marcada por las separaciones. ¿La primera? El nacimiento, ciertamente. Numerosos especialistas, siguiendo los pasos del psicoanalista austriaco Otto Rank, no dudan en hablar del nacimiento como un verdadero trauma físico y psíquico. Sin embargo, parece que el bebé se prepara para esta ruptura unos días antes del parto. «Hacia el noveno mes, él toma la iniciativa de sus comportamientos. Actúa menos respondiendo a su madre; ya muestra un principio de autonomía: todavía encajado en la cavidad materna, pone en marcha la separación. Comienza a llevar su propia vida: se mueve cuando ella se detiene y aprovecha su siesta para brincar y despertarla», subraya el etólogo Boris Cyrulnik.[2]

⇨ **Dejar que duerma solo**

Tras el nacimiento, la vida se organiza en torno al bebé. Entre las primeras separaciones está la que se produce para que duerma solo. ¡Qué difícil resulta a veces ese momento en el que hay que marcharse! Sin embargo, resulta fundamental. El psicoanalista británico D. W. Winnicott, que en sus investigaciones se centró de una manera especial en los más pequeños, subraya que, en efecto, es importante que el niño experimente muy pronto la soledad. Desarrollando su capacidad para estar solo, siempre en condiciones que le proporcionen seguridad, el bebé se va a sentir un ser completo, diferenciado de su madre.

Roxana, de siete meses, rechaza dormir sola en su habitación, y llora hasta que sus padres ceden y la

---

2. En *Les Nourritures affectives*, Odile Jacob, 1993.

sacan de su cama. Generalmente, termina por dormir en los brazos de uno de los dos, o en el sofá,
mecida por sus voces. Sus padres se preguntan por
qué su bebé tiene esta dificultad para separarse de
ellos por la noche. ¿Qué responder a los padres de
Roxana? Simplemente que las separaciones forman
parte de la vida, que son inevitables e incluso deseables. Aunque proteste, Roxana necesita estos
momentos de soledad nocturna para reforzar su sensación de seguridad.

⇨ **Sentimientos contradictorios**
Mientras tanto, los padres de Roxana tal vez podrían
preguntarse cómo afrontan esta separación y qué
sentimientos contradictorios les suscita. Algunos
padres, en efecto, viven con mucha angustia la idea
de separarse de su hijo, y acaban por reconocer una
cierta ambivalencia. ¿Quieren acostar a su bebé? Sí,
pero: «No lo veo bastante durante el día», «No me
gusta separarme de él», «Yo era como él: tenía
miedo de la oscuridad y de la soledad», «Me da
pánico la muerte súbita de los recién nacidos»... Sin
hablar de los temores más o menos confesables de
encontrarse de nuevo cara a cara con su pareja.
Reflexionar sobre las propias inquietudes permite a

menudo resolver rápidamente el problema. Una vez convencidos de la importancia, para el equilibrio del bebé, de que duerma en su cama, a una hora adecuada, se constatará a menudo que esta separación resulta más fácil (véase también el capítulo 7).

Respetando el principio de la separación nocturna, permitirá al bebé que diferencie bien los espacios (su cama no es el sofá) y las horas (la noche es para dormir). Esto también le permitirá descubrir que hay momentos con sus padres y momentos sin ellos. Mientras usted se dedica a sus cosas en la estancia contigua, el bebé aprende a verse como un individuo que tiene sus propios recursos: desarrolla su imaginación y aprende a diferir la satisfacción de sus deseos. ¡Una gran adquisición para el futuro!

⇨ **Separaciones adaptadas**

Aunque el bebé sea cuidado en casa por uno de sus padres, rápidamente surge la necesidad de salir y de dejarlo con la abuela, en una guardería o con una canguro. Estas separaciones, importantes para él, también resultan necesarias para nuestro propio equilibrio. Durante estos momentos de la jornada, el bebé va a aprender a vivir sin su madre, de forma puntual. También se va a enfrentar a otra persona que reemplaza la figura materna. Esta experiencia resulta esencial para él, ya que va a permitirle salir del vis a vis de la relación fusional con su madre.

A menos que circunstancias particulares lo requieran, cuando se tiene un bebé de tres meses es mejor dejar para más adelante un viaje de dos semanas sin él. Por el contrario, se puede dejar perfectamente con una persona que él conozca durante un fin de semana, para recargar las pilas. Estas pequeñas separaciones, aunque conlleven algunas lágrimas, no traumatizan al bebé y generalmente se llevan bastante bien... ¡Siempre que se hagan con convencimiento!

Cualquier ratito de soledad le angustia

La madre de Tomás, de siete meses, no puede salir un momento de la habitación donde él se encuentra. Si va a responder al teléfono a la habitación de al lado o se aleja unos instantes de su vista, se forma un drama. Tomás grita, patalea y se muestra muy inquieto.

Su bebé, al igual que Tomás, puede tener dificultades para superar estos pequeños momentos, y necesita verla u oírla para tranquilizarse: manifiesta un rechazo a las ausencias y puede sufrir la conocida angustia de la separación. Por lo tanto, vivir estos cortos periodos sin usted le va a ayudar a construirse y a adaptarse progresivamente al mundo exterior. Ciertamente, no se trata de que se aleje dejando al bebé abandonado a su suerte. Por el contrario, en ausencia de todo peligro, puede animarlo a que se quede en el salón mientras prepara su biberón en la cocina. Si manifiesta su enfado, no está obligada a satisfacer inmediatamente su deseo, aunque tampoco hay que alargar la prueba demasiado tiempo. Puede decirle desde lejos: «En seguida voy, estoy calentando el agua para tu biberón; estará listo en seguida, no tardo». Cuanto más lo habitúe a estos pequeños momentos y a no estar físicamente todo el tiempo a su lado, más fácil le resultará separarse de usted.

⇨ **Momentos de regresión**

Cuando comienza a caminar, este miedo, que tal vez ya había desaparecido o se había atenuado, reaparece. Y he aquí de nuevo un pequeño latoso, como un bebé.

Robin tiene catorce meses. Hasta ahora, era un bebé tranquilo y sonriente, que aceptaba sin problemas las pequeñas separaciones y no manifestaba ninguna angustia. Ahora bien, en este momento, según sus perplejos padres, ¡es un auténtico «bote de pegamento»!

¿Qué es lo que ocurre? A su edad, Robin ha acumulado un número impresionante de nuevas adquisiciones, y ya casi sabe andar. También comienza a decir algunas palabras. Crece, se aleja de sus padres y tal vez se siente un poco culpable... De ahí su tendencia a no dejar que se alejen ni un paso.

Desde el punto de vista del psicoanálisis, Robin deja la *fase oral* para pasar a la *fase anal*, durante la cual quiere controlarlo todo, objetos y personas. Cada vez que supere una de estas etapas, va a vivir una fase de regresión y a expresar inconscientemente su deseo de seguir siendo un bebé. Este paso, por tanto, se va a acompañar, en el caso de Robin, de momentos en los que necesita la presencia de sus padres, tenerlos para él y controlarlos para estar tranquilo.

También es posible que la ambivalencia de sus sentimientos encuentre un eco en los de sus padres. Seguramente estos pregonarán triunfalmente a sus amigos: «¡Ya sabe andar!», pero esto no impedirá que también se sientan un poco nostálgicos porque «ya no es un bebé», aunque todavía los necesitará durante mucho tiempo. Por lo que respecta a esta angustia de la separación, desaparecerá progresivamente cuando el niño, con su seguridad reforzada, entre en la etapa edípica, entre los tres y los seis años.

Por qué no juega nunca solo

«Nunca juega solo; ¡siempre tengo que estar cerca de él, aunque sea para apilar sus cubos!». En efecto, algunos niños a veces muestran dificultades para quedarse solos jugando unos instantes, aunque uno de sus padres se encuentre en la habitación de al lado. ¿Por qué? Sin duda, porque todavía no se sienten lo suficientemente tranquilos y seguros.

Jugar solo significa coger confianza, pero también aceptar el hecho de estar con uno mismo en una actividad creativa. Son los primeros pasos hacia la independencia del pensamiento...

Algunos padres sólo entienden el juego desde el punto de vista del aprendizaje, y por ello creen que deben estar presentes. Algunas madres también tienen dificultades para «dejar» a su bebé, y se sienten indispensables para todo, incluido el juego, hasta el punto de que el bebé no consigue divertirse solo.

Ahora bien, ¿para qué sirve un juego? Antes que nada, para estimular la imaginación.

Evidentemente, puede enseñar a su bebé cómo se insertan el círculo, el cuadrado y la estrella en los agujeros de su pequeña caja con forma de mariquita, pero si prefiere, él solo, darse el gusto de agitar frenéticamente su juguete porque le divierte el ruido de las piezas que chocan en el interior, ¡deje que lo haga! Está experimentando, descubriendo... De esta forma, el bebé también aprende mucho.

⇨ **Controlar la soledad**

Es muy importante animar al niño para que viva esos pequeños instantes de soledad en los cuales va a superar el sentimiento de abandono. ¿Todavía parece que soporta mal estar solo un rato? No lo obligue, pero permanezca alerta. Una vez tranquilizado por su proximidad, el bebé se va a decidir muy pronto a jugar solo o a dormirse tranquilamente unos minutos. ¡No es una mala madre por el hecho de que el niño, a veces, se quede sin hacer nada!

¿Se despierta tras la siesta, en su cuna, y comienza a parlotear y a jugar tranquilamente con sus manos y sus pies? ¡Frene su ansia de cogerlo inmediatamente en brazos! Déjelo que juegue y experimente sus primeros instantes de soledad placentera, en los cuales puede experimentar un cierto agrado y un sentimiento de libertad. Progresivamente, va a comprender que a cada separación y periodo de soledad le sucede el tierno momento de los reencuentros.

Lo esencial

La «capacidad de estar solo», que describe D. W. Winnicott, la comienza a adquirir el bebé cuando cumple los dos años.

Los pequeños instantes de soledad le van a permitir formarse y adaptarse cada vez mejor al mundo exterior.

Las separaciones entre usted y su bebé son inevitables, e incluso deseables para él; simplemente hay que prepararlas bien.

Alrededor de los ocho y de los catorce meses, sin embargo, la separación puede ser fuente de angustia.

Capítulo 6

Afronta las primeras pruebas de la vida

«Dejo de darle el pecho», «Comienzo a trabajar otra vez»... Algunas situaciones «normales» de la vida pueden ser desestabilizadoras para su bebé. ¡Y más teniendo en cuenta que, a su edad, detesta los cambios! ¿Cómo podemos ayudarle?

Dejo de darle el pecho

Dejar de darle el pecho no se resume, para el bebé y para la madre, en un simple cambio de alimentación. Para el pequeño, el destete es un acontecimiento que puede incidir profundamente en su desarrollo psíquico. ¿Qué representa para él el pecho? Es el objeto deseado por excelencia, de donde procede su alimento y su bienestar. Pues bien: ese seno, en torno al cual contenta todos sus sentidos, le va a ser retirado, para ser sustituido por un raro instrumento con una extraña tetina y sabor raro. Por tanto, en ningún caso hay que pasar al biberón de un día para otro, a menos que se esté obligado a ello.

⇨ **Una sola prueba cada vez**
Hoy en día, el 70 % de las madres manifiestan haber destetado a sus bebés antes de lo que ellas quisieran. El problema del destete es, en efecto, que suele coincidir a menudo con la vuelta al trabajo. De repente, el niño debe enfrentarse, a la vez, a una separación y a una nueva forma de alimentación. ¿Lo ideal? Evitar que el destete coincida con cualquier otro cambio en su vida.

Si no se tiene excesiva prisa, se puede llevar a cabo el destete en varios días. Puede comenzar por habituar al bebé a que complete algunas tomas con un biberón. A continuación, puede dedicar unos quince días aproximadamente al destete propiamente dicho. Por ejemplo, puede sustituir una toma cada dos o tres días, comenzando por la del mediodía y acabando por la de la mañana y la de la noche. Esta manera de proceder es satisfactoria —tanto en el plano físico como en el psicológico—

para el bebé, pero también para usted. Planificando el destete deja tiempo para que ambos encuentren nuevas referencias en el plano nutricional, corporal y afectivo. Mientras, si quiere retomar su trabajo, nada le impide mantener la toma de la noche y la de la mañana. Si está motivada, también puede extraerse la leche y dejar el biberón en la guardería, para que le sea dado al bebé en una de sus comidas. Esta organización le permitirá, a él y a usted, asimilar las primeras separaciones de una forma suave.

⇨ **Si el destete es brusco**
Un mes después del nacimiento de su hijo Pablo, Laura debe ser hospitalizada de urgencia por una crisis de apendicitis. En resumen: unos días de hospitalización y una operación sin complicaciones. Pero, en casa, Pablo se opone con fuerza a este cambio y rechaza tomar biberones a los que nunca había sido acostumbrado.

Cuando el destete se lleva a cabo de forma brusca, puede resultar difícil, tanto para la madre como para el niño. Este puede rechazar todo tipo de alimentación que no sea la leche materna, e incluso vomitar. Con el fin de evitar que esta ruptura le cree inseguridad, es fundamental que el niño disponga

¿Hay que coger al bebé en brazos cuando llora?

de un buen entorno y se le tranquilice durante este periodo. Asegúrese de que le dé el biberón una persona que le resulte muy familiar (su padre, su canguro...), y refuerce todo lo que lo tranquiliza: cogerlo en brazos, disponer de un objeto impregnado con el olor materno, las caricias... Tomando estas precauciones, atenuará con creces los recuerdos un poco dolorosos que pueden ser asociados a esta etapa. También evitará que la angustia se manifieste más tarde, con las nuevas separaciones.

⇨ **Y usted, ¿cómo lo vive?**
El destete puede resultar muy difícil, porque la madre teme esta nueva separación y experimenta un auténtico placer dando el pecho. En efecto, parece animarlo a que acepte el biberón, pero ¿tiene realmente ganas de que lo acepte? Una madre también puede experimentar una verdadera satisfacción viendo cómo su bebé prefiere su leche a las demás, y este sentimiento es legítimo. No es raro, en este caso, que ella le incite inconscientemente a rechazar cualquier otra forma de alimentación. Si el destete le produce desasosiego, ¿por qué no intenta mantener las tomas de pecho de la mañana y de la noche? Esto permitirá que esa unión se prolongue

hasta que usted se sienta preparada para romperla de una forma serena para los dos.

Volver a trabajar

Hoy en día, cada vez es mayor el número de mujeres que trabajan fuera de casa. Por tanto, cuando retome su trabajo, no piense que su bebé es el único que debe separarse de su madre... Pero si bien dejar al niño es un hecho banal desde el punto de vista social, desde el punto de vista psicológico resulta un poco más complicado, tanto para la madre como para el niño. De ahí la importancia, al igual que ocurría con el destete, de preparar lo mejor posible esta etapa.

⇨ Edades favorables

Desde el punto de vista del psicoanalista británico John Bowlby, que se ha centrado particularmente en el tema del vínculo afectivo, la separación resulta más fácil cuando el bebé tiene menos de nueve meses. Siempre que pueda, plantéese la vuelta al trabajo cuando el bebé ha cumplido cinco o seis meses, o espere hasta los dieciocho meses, con el fin de que haya superado esa etapa un poco sensible.

¿Hay que coger al bebé en brazos cuando llora?

Alrededor de los trece o catorce meses, en efecto, la transición casa-guardería puede resultar más difícil de negociar. Si es este su caso, no dude en planificar la separación un poco antes, o, si es posible, espere todavía unos meses antes de retomar el trabajo.

Además, independientemente de cuál sea la edad de la separación, John Bowlby insiste en la importancia de la adaptación progresiva a la nueva etapa, en la calidad del sustituto materno y en la duración de esos momentos de separación.

Animada con estas enseñanzas, ¿cómo puede ayudar a su bebé? Habituándolo progresivamente a separarse de usted, ya que pasar bruscamente de los brazos de su madre a una ausencia de ocho horas diarias (si no son más) es, hay que admitirlo, un poco brutal. Le corresponde a usted habituarlo de una forma suave para que domine la soledad. Estos pequeños momentos sin su compañía le van a preparar para soportar mejor los periodos más largos que se avecinan (véase el capítulo 5).

⇨ **¿Con quién lo va a dejar?**
¿Ya ha pensado quién lo va a cuidar? ¡Tiene suerte! Puede optar por la fórmula que se adapte mejor a las necesidades de su pequeño. Guardería, can-

guro, un familiar... ¿Qué elegir? Hay lugares tranquilizadores y llenos de estímulos, y personas que se ocu-
pan de los niños con cariño y sentido de la responsa-
bilidad en cada una de las opciones.

• **En casa.** ¿Teme que su bebé se sienta un poco solo
si es cuidado por una canguro o un familiar? Seamos
realistas: un bebé de seis meses no necesita compañeros: la socialización vendrá un poco más tarde.
Por el contrario, una vez cumplidos los dieciocho
meses, el encuentro con otros niños es estimulante
para él. A esta edad, uno o dos días por semana en
la guardería pueden resultar muy beneficiosos.

• **¡Abra las puertas!** La adaptación es fundamental;
de hecho, la mayoría de las guarderías tienen en
cuenta esto y llevan a cabo una incorporación progresiva. Nada proporciona más inseguridad a un
niño que pasar directamente del entorno familiar a
la guardería. Tal vez deba sacrificar unos días de
vacaciones para habituarlo de forma progresiva a
esas nuevas caras y esos nuevos lugares que le resultan extraños. Esos tiempos cada vez más largos esta-
blecidos durante una o dos semanas —durante las
cuales podrá acompañarlo e irlo a buscar— consti-

tuyen una etapa fundamental para él, pero también para usted. De hecho, seguro que ya lo ha oído más de una vez: ¡una madre serena tiene bastantes probabilidades de tener un hijo tranquilo!

• **¡Prepárelo!** Unos días antes del día X, es el momento de anunciarle el cambio que se avecina. Debe tomarse su tiempo para explicarle que ha de volver al trabajo, que él se va a quedar en la guardería, que Marta (la referente en la guardería o su canguro) se ocupará de él y que usted irá a recogerlo por la tarde. Aunque todavía no hable, es importante que comience a asimilar esta idea, que se familiarice con las palabras «guardería», «Marta», etc., y que piense en ello a su manera...

• **¿La ha encontrado a última hora?** ¡Es el momento de movilizar a toda la familia! Para suavizar la transición, es importante que el padre y la madre se impliquen (uno, para comenzar un poco más tarde; el otro, para salir un poco antes, al menos durante una semana, y el mayor tiempo posible). ¡Una hora menos de guardería al día es mucho para el bebé! No dude en recurrir a un familiar o a una canguro que el niño conozca para que lo lleven antes a casa.

Aunque usted todavía no haya regresado del trabajo, él estará contento de reencontrarse con ese universo conocido y con el olor familiar de la casa.

⇨ **Una prueba difícil... para las madres**

Algunas veces resulta difícil para las madres, cuando se han de reincorporar al trabajo, separarse de sus niños. Seguramente ha oído miles de veces que el bebé tiene antenas para captar la más mínima emoción de su madre, y que si usted está triste, él también lo estará. ¡Pero la tranquilidad no es algo que se consigue por decreto! Sin embargo, si lo ha preparado bien para esta separación, a menudo podrá constatar, si se queda unos minutos detrás de la puerta, que los lloros de su hijo se detienen en seco en cuanto le vuelve la espalda.

¿De qué manera ha de actuar durante los primeros días? No se vaya a escondidas, pero tampoco eternice las despedidas, y ¡sobre todo no llore! Unas palabras suaves, una caricia y la promesa de que volverá a buscarlo por la tarde bastarán.

⇨ **¿Por qué no optar por una niñera compartida?**

¿Ha pensado en esto? Es una fórmula diferente que se puede contemplar: dos familias que recurren a los servicios de una misma niñera que cuida a los pequeños, unos días en una casa y otros en la otra. ¿Cuál es la ventaja, además de la económica? Ofrece un universo que proporciona seguridad al niño, lo que se refuerza, para los mayores, con un inicio de la socialización. A través del boca a boca, o con un anuncio, poniendo en marcha sus recursos o mediante una agencia de canguros, tiene muchas posibilidades de encontrar una familia dispuesta a compartir su niñera.

Va a tener una hermanita

¡Para usted supone una inmensa alegría! Para él... no está tan claro. Lo cierto es que, en cualquier caso, no ha sido él quien ha elegido tener esa hermanita... Para el niño, este acontecimiento es nuevo y desconcertante. Siente que va a tener que compartir el afecto de su madre, antes incluso de que la hermanita nazca; también puede sentir que él no basta para hacerla feliz. Por tanto, es inevitable que sienta ansiedad y celos. ¿Demasiado pequeño para estar celoso? ¡Seguramente no! Según el psiquiatra Henri Wallon, los celos pueden sentirse desde los nueve meses, cuando el niño se diferencia de su madre y espera el estatus psicológico de «sujeto».

Algunos especialistas en relaciones entre hermanos sostienen también que, si el niño tiene menos de dos años, los celos pueden tener en él un efecto organizador, ya que le ayudan en su diferenciación del otro. Esta etapa marcaría también el comienzo de las relaciones sociales. Bastante positivo, ¿no?

Sin embargo, los celos, sentimiento reactivo natural, pueden también traducirse en comportamientos agresivos o regresivos. La actitud que usted adopte, por tanto, influirá en la manera en la que el niño viva esta etapa.

¿Lo más importante? Mantener lo máximo posible una continuidad entre la vida que se llevaba antes de la llegada de la hermanita y la de después. Es fundamental que, en estos momentos, no se marquen rupturas.

⇨ **Antes de la llegada del bebé**

Ciertamente, resulta difícil que la madre pueda continuar cogiendo al pequeño en brazos en la recta final del embarazo, aunque nada le impide sentarlo sobre sus rodillas, haciéndole sentir o tocar al bebé...

¿Hay que coger al bebé en brazos cuando llora?

¡Pero no siempre! De momento, todavía puede disfrutar de su madre teniéndola sólo para él, y el cariño no ha de estar necesariamente asociado al descubrimiento del nuevo bebé. El padre también puede tomar aquí el relevo y arreglárselas para estar más junto a su pequeño, que sin duda se mostrará muy orgulloso.

¿Cuándo anunciarle la noticia? Numerosos testimonios de madres y psicólogos muestran, una vez más, que los bebés parecen tener antenas muchas veces para adivinar nuestros secretos. Algunos niños «se huelen», mucho antes de que se les dé la noticia, que algo se trama en la familia y que ellos no son el único centro de atención de su madre... Lo mejor, por tanto, es explicarles, sin esperar mucho, con palabras sencillas y sin entrar en detalles, que un bebé está creciendo en el vientre de su mamá. ¡Pero tampoco demasiado pronto, porque los meses se le harían larguísimos! Si no muestra demasiado interés, no insista: ¡tiene derecho a protegerse! También resulta inútil repetirle con embeleso: «Vas a tener una hermanita...», ya que esto no significa gran cosa para él, ¡y tampoco tiene por qué suponer necesariamente un regalo! Sin embargo, decirle: «¡Vas a ser el hermano mayor!» le permitirá a menudo al niño sentir que accede a un nuevo estatus muy valorado. Sin embargo, no se culpabilice si, a pesar de todas las precauciones, se muestra un poco trastornado por ese nacimiento. Deberá tenerlo en cuenta y vigilarlo de cerca. Que la familia crezca es un hecho natural; más tarde, esta hermanita o este hermanito serán, para él, un compañero a veces un poco invasor, ¡pero sin el que no podrá estar!

⇨ **Después del nacimiento**
Para el primogénito, este bebé es siempre un intruso que llega, además, trastocando su pequeño universo. Así, teme tener «menos»: menos cariño, menos atención, menos mamá... El día del nacimiento, para festejar la llegada del nuevo bebé, puede ofrecerle un regalo y sugerir a los demás miembros de la familia, con los que tenga más confianza, que hagan otro tanto. De esta manera, no se sentirá desplazado.

Siempre dentro de la misma idea de continuidad, evite dar, desde el día del nacimiento, la habitación del mayor al recién nacido, aunque sea para instalarlo en una habitación mejor, según sus criterios. ¡Y lo mismo vale para su cama! Tal vez todavía no tiene ganas de cambiar su camita de bebé con barrotes y su pequeña habitación, donde está tan cerca de usted, por una habitación grande en el otro extremo del pasillo. Por tanto, lo mejor es planificar estas pequeñas mudanzas y dejar al niño el tiempo suficiente para que se habitúe a los lugares y objetos antes de que el «intruso» llegue a casa. Así impedirá que tenga la sensación de ser desplazado por el bebé. Evite también todo cambio radical en su vida durante este periodo: comienzo en una nueva guardería, mudanza... Necesita sus referencias. Seguramente parece mayor, al lado de su hermanita en miniatura... ¡Pero él también es todavía un bebé!

Atravesamos momentos difíciles

Divorcio, hospitalización, enfermedad de uno de los padres... Son separaciones que, cuanto más duras son las circunstancias que las provocan, más difíciles resultan de vivir. Al contrario que aquellas de las que hemos hablado hasta ahora, estas no son, a priori, separaciones constructivas. Mientras que el destete, la llegada de un hermanito o el comienzo en la guardería son beneficiosos, siempre que se preparen bien, las separaciones bruscas y repentinas no siguen el curso normal de la vida. Se clasifican en el orden de la ruptura, del accidente.

¿Cuál es la reflexión más frecuente? «No hablo de ello, es demasiado pequeño para comprenderlo». Desea protegerlo, es normal. Pero actuando así, no le da seguridad; al contrario. Callarse sólo sirve para protegerlo de forma temporal. Más tarde, se va a dar cuenta de toda la verdad. Entonces, deberá igualmente afrontarlo, al mismo tiempo que comprenderá que le ha mentido y perderá la confianza que tiene en usted.

Además, su dificultad para hablarle tal vez no esté sólo causada por el deseo de protegerlo. Es posible que usted tenga dificultades para aceptar lo que pasa. La negación es a menudo una manera de defenderse esperando que la situación se arregle... Cosa que tal vez suceda, pero ¿hasta cuándo puede esperar?

⇨ **Se divorcia**

Unos días de ausencia, una semana, ¡es mucho tiempo para un pequeño! Si usted se separa y su pareja va a estar menos presente, puede decirle al niño: «Te has dado cuenta de que él (ella) no está aquí en este momento, pero él (ella) piensa en ti y va

¿Hay que coger al bebé en brazos cuando llora?

a venir a verte en cuanto pueda». Evite, por el contrario, decir que el padre ausente está en el trabajo o de viaje. También es importante que le explique al bebé que él no tiene nada que ver en esta situación, y que favorezca el contacto entre su ex pareja y él, aunque tenga razones para montar en cólera. Mientras espera que la cuestión de la custodia se resuelva en el plano jurídico, puede, por ejemplo, acordar que su ex vaya a buscar al niño a la guardería uno o dos días por semana, y lo lleve a casa después de dar un pequeño paseo con él. También puede dejarle de forma regular que pase una tarde en casa con el niño. Puede aprovechar para salir y distraerse. Es inútil entregarse a la melancolía: lo que hace es lo mejor para el pequeño, y actúa así por su bien. Así, él estará más tranquilo y los encuentros serán cada vez más agradables.

⇨ **Uno de los padres está hospitalizado o enfermo**
En la medida de lo posible, intente arreglárselas para que el pequeño vea al padre enfermo aunque sólo sea un momentito de forma regular y en una sala de espera del hospital, si las visitas en las habitaciones están prohibidas a los niños. ¿Teme que se impresione por el material médico, por las perfusiones y

otros tubos? Un niño de menos de dos años se asustará menos que uno más mayor, sobre todo si usted le explica de forma tranquila: «Mira, aquí está mamá (o papá). Esto es un tubito que le ayuda a respirar. Las lucecitas son para ver los latidos de su corazón». Lo que asusta o angustia a los mayores no tiene por qué producir necesariamente estas sensaciones en los pequeños.

Cuando la enfermedad es muy grave y la evolución es incierta, a menudo a un adulto le resulta difícil poner palabras a sus propias angustias. Puede bastar con que le diga al bebé que «él (o ella) está enfermo», sin pronunciarse delante de él con respecto a la posibilidad de un desenlace fatal. ¡Hablarle sí, pero contarle todo y angustiarlo inútilmente no!

Lo más importante es que el niño perciba que usted encaja todo sin derrumbarse. Efectivamente, el bebé es muy receptivo a todo estado de pánico o depresión en sus padres.

Si este es su caso, aunque sea muy difícil, resulta esencial que se muestre fuerte ante él, y para ello puede recurrir a la ayuda psicológica si es necesario. Intente organizar de la mejor forma posible la vida del niño, sin renunciar a contar con todas las ayudas que se le ofrezcan: abuelos, amigas que él aprecia...

¿Hay que coger al bebé en brazos cuando llora?

En este caso, es muy importante que asegure la continuidad de su vida, sin trastornar demasiado sus otras referencias y multiplicando las formas clásicas de proporcionar seguridad. Afortunadamente, se pueden afrontar muy bien las difíciles pruebas de la vida, y salir adelante. Sin duda alguna no se lo deseamos a nadie, pero un niño con un buen entorno, que haya superado con éxito dificultades, será más fuerte que otro a la hora de afrontar nuevas dificultades en el futuro. Ya habrá vivido una situación difícil y habrá adquirido recursos y una seguridad interior sólida para afrontarlos con confianza y determinación.

Lo esencial

Las primeras pruebas «naturales» de la vida pueden ser perturbadoras para el bebé. Evite acumularlas y prepare al niño para que las afronte de forma tranquila.

En los momentos difíciles, es fundamental que el niño tenga un buen entorno y se multipliquen los medios para proporcionarle seguridad, así como permanecer atentos. De esta manera, se evitará que la angustia se manifieste más tarde, ante nuevas separaciones.

Capítulo 7

Cuando las noches no son tranquilas

Dormir no es tan sencillo... El bebé debe aprender a separarse de usted, a distinguir la noche y el día y a adaptarse a sus horarios. Gracias a una buena comprensión de lo que siente, a la instauración de unos hábitos y a una buena dosis de paciencia, evitará las noches en blanco.

Cuando cae la noche, ¡no tiene consuelo!

Oír llorar a los hijos es una de las primeras pruebas de la vida de los padres. Sus lágrimas son más desconcertantes cuando no se sabe a qué son debidas. En unas semanas, el oído comienza a distinguir el llanto de enfado, los lloriqueos de cansancio, los lloros provocados por un diente que comienza a salir... Identificando la causa, sabrá cómo actuar. Así, habrá dado un gran paso.

Sin embargo, algunas veces los llantos de los bebés resultan enigmáticos a los oídos más atentos. ¿Por qué, cuando cae la noche, algunos recién nacidos parecen afectados por este desconcierto? Aparentemente, este fenómeno forma parte todavía de los misterios de los bebés. Sin embargo, ya se esbozan algunas explicaciones... y algunas soluciones también.

⇨ ¿Cólicos o demasiada excitación?

Si el bebé llora y se retuerce al final del día, tal vez lo que le ocurre es que le duele el vientre. En efecto, algunos pediatras hacen referencia a la existencia de cólicos al final de la tarde. En este caso, no dude en hablar con el médico, que podrá recetarle un tratamiento adecuado. Sin embargo, lo más probable es que este malestar esté a medio camino entre lo físico y lo psíquico.

Si parece inquieto en cuanto cae la noche, puede deberse a que esta modifica sus referencias visuales. Sensible a la luminosidad que decae y altera sombras y colores, el pequeño también puede sentirse molesto por la intensidad de la luz eléctrica.

Así, algunos bebés (y también los mayores) se calman cuando se tamiza la luz.

Al final del día, a menudo el pequeño ha llenado bien cada minuto de su tiempo. Ahora bien, el umbral de excitabilidad de un bebé no es el mismo que el de un niño o el de un adulto. Mediante el llanto, va a liberar el exceso de excitación que ha acumulado durante la jornada. Es su manera de desahogarse.

Finalmente, la llegada de la noche también es anunciadora de la separación nocturna, y el bebé puede temer todo ese tiempo sin usted. Lo que expresa es más un malestar que una verdadera angustia o sentimiento de inseguridad.

⇨ **Soluciones para tranquilizarlo**

¿Qué responder a los padres que ven cómo el día avanza temiendo la crisis que está a punto de llegar? Que no se culpabilicen, pues estos llantos con su punto álgido, cuando el recién nacido cumple seis semanas, son, con frecuencia, inevitables.

Al llegar la noche, cada uno puede encontrar la forma más adecuada de tranquilizar a su bebé. Unas madres lo mecen en un capazo; otras lo pasean o se dedican a hacer sus tareas en casa manteniéndolo apretado contra su cuerpo en una mochila portabebés; hay quien le da un baño, o quien escucha música bailando y canturreando...

¿Lo ideal? Que la madre se turne con el padre, cuando sea posible, con el fin de evitar que la impaciencia le gane. El bebé lo notaría, y esto no haría más que aumentar su angustia. Hacia los dos o los tres meses, esos llantos sistemáticos de la noche desaparecerán progresivamente, al mismo tiempo que el bebé se abre al mundo. Sin embargo, no se volverá mudo: llorará... pero por otros motivos.

¿Cómo ayudarlo a dormirse?

Durante las primeras semanas que siguen al nacimiento, el bebé no pierde sus viejas costumbres de cuando era un feto: duerme entre dieciséis y veinte horas diarias, ¡pero no necesariamente repartidas como a usted le gustaría! ¿Cómo ayudarle a dormirse? En primer lugar, ayudándole a encontrar sus referencias. Lo ideal sería intervenir lo menos posible durante los primeros meses, y dejarle seguir sus ritmos y sus necesidades. No conviene despertarlo si está dormido a la hora de su toma, o prolongar los biberones nocturnos con cariños y susurros. ¡La noche es para dormir!

⇨ **Establecer referencias**

Para ayudarle a tomar conciencia de la alternancia día/noche, puede establecer algunas referencias que le ayudarán a conciliar el sueño. Durante el día, por ejemplo, resulta inútil hacerle dormir en una habitación con las persianas cerradas, al igual que tampoco sirve de nada dejarle, por la noche, una lucecita en su habitación. A esta edad, no teme la oscuridad. Si llora, el problema está en otra parte.

Lo que hay que tener en cuenta es que los ciclos de sueño de los bebés son más cortos que los nuestros, y que su sueño todavía está mal estructurado. Cada vez que él pasa de un ciclo a otro, puede despertarse: ¿charla, se queda tranquilamente con los ojos abiertos o llora un poco? Es normal. No sirve de nada acudir en su busca en cuanto suelta una lágrima. Espere unos minutos: hay muchas posibilidades de que se vuelva a dormir.

Muchos niños adoptan de forma espontánea el ritmo de vida de la familia hacia los cinco meses, pero otros necesitan un poco más de tiempo y ayuda para ajustarse, sobre todo si tuvieron bajo peso al nacer. La mayoría de los especialistas consideran que, alrededor del séptimo mes, el pequeño debería ya dormir bien por la noche. A partir de ahí, se puede comenzar a preguntar por las razones de ese sueño agitado.

Por lo tanto, es a partir del sexto mes cuando se pueden plantear los problemas con el sueño. El bebé se frota los ojos, se vuelve gruñón... Ha llegado la hora de acostarlo. Pero una vez en su cama, ¡comienza a gritar!

⇨ **Preguntas que hay que plantearse**

• **¿Es el momento adecuado?** ¿Realmente el niño está cansado, o usted tiene ganas de cenar tranquilamente, ver las noticias en la televisión o sumergirse en una buena novela? Ciertamente, estos deseos son legítimos. Sin embargo, se arriesga a no aprovechar bien esos momentos de descanso, lo que acabará exasperándole. Si el bebé se ha despertado de su larga siesta a las cuatro de la tarde, o si por la noche le gusta «trasnochar», también es comprensible que no tenga ganas de acostarse a las ocho de la tarde. Por el bien de los dos, vale la pena que espere una hora para que coja, sin protestar, el ritmo del sueño.

• **¿Está «equipado» para soportar esta separación?** A partir de los seis meses, el objeto transicional, el pulgar y el chupete adquieren toda su importancia.

Todo lo que puede ser chupado resulta muy rela-jante para el bebé, y le permite afrontar esos instan-tes de soledad sin usted.

• **¿Ha respetado el ritual para dormirlo?** Todas las noches, al acercarse la hora de acostar a su bebé, e independientemente de cuál sea su edad, puede decirle: «En un cuarto de hora te vas a ir a dormir», «Cinco minutitos y ¡a la cama!». Así podrá hacerse a esta idea, e irá aprendiendo a reconocer muy rápi-damente las palabras «cama», «acostarse», etc.

Una vez llegada la hora, puede acostarlo con unos objetos que le proporcionen seguridad, y puede dar inicio a un pequeño ritual familiar: una canción, una caricia, música, acunarlo... Todo debe contribuir a que sea un momento de placer, para usted y para él, pero sin que se eternice y se con-vierta en algo invasivo. Es importante que usted abandone la habitación antes de que él se duerma.

⇨ **La importancia de que se duerma solo**
¿Ha cogido el hábito de dormirlo en sus brazos o de quedarse cerca de él hasta que se duerme, porque se muestra inquieto en cuanto usted cruza el umbral de la puerta? Corre el riesgo de mantener su ansie-

dad. En efecto, le impide que afronte por sí mismo la inevitable soledad de la noche. Si se despierta a las dos de la mañana, puede verse sorprendido por su ausencia (ya que no le habrá visto marcharse), y será incapaz de volver a dormirse solo. ¡La única solución será que usted acuda a su lado!

Por el contrario, abandonando la habitación antes de que se duerma le enseña que ambos, usted y él, son perfectamente capaces de separarse por la noche, y que no teme dejarlo solo en el entorno familiar.

¿Llora con fuerza? En primer lugar, compruebe que nada le molesta y que no está sufriendo. A continuación, espere cinco minutos antes de volver a su habitación —como aconsejan los especialistas en el sueño— para decirle con calma: «Ahora tienes que dormir». Si el llanto no cesa, espere el doble de tiempo antes de volver. La tercera vez, deje que pasen veinte minutos, y así hasta que se duerma... sin sobrepasar, sin embargo, este tiempo.

Pero lo que a menudo suele ser eficaz es que el padre tome el relevo y explique firmemente al pequeño que «ahora es hora de dormir». En general, cuando todo el mundo está de acuerdo y no hay ambivalencias con respecto al tema, la situación se soluciona en unas cuantas noches. Sobra decir que en ningún caso habrá que recurrir a los somníferos. Además de los problemas de dependencia, hacer creer a un niño que sus dificultades se arreglan con medicamentos no es una buena solución.

⇨ **Masajes beneficiosos**
Finalmente, algunos investigadores israelíes han realizado el experimento de masajear cada día treinta minutos y durante dos semanas a veinte bebés con una edad a partir de diez días. Han constatado que estos niños se han adaptado mejor al ciclo día/noche que el resto, y que sus ritmos biológicos se han ajustado antes con los de sus madres. Así, recurra a unas gotas de aceite de almendras o de germen de trigo, un poco de música... Si le atrae el arte del masaje, pero media hora le parece mucho tiempo, nada le impide probar aunque sea sólo unos minutos. Lo esencial es que usted y su bebé lo disfruten.

¿Puede dormir con nosotros?

Con frecuencia se plantea esta pregunta. Del lado de la tendencia del «¿por qué no?», los argumentos, a primera vista, son seductores: dormir con los niños era algo que se hacía en los ambientes rurales, y esta costumbre actualmente todavía se practica en muchos países.

La fórmula evita, en apariencia, angustias al bebé y que los padres tengan que levantarse por la noche, con lo cual están más descansados. «Después de todo, ¿es un drama que duerma con mi bebé?», se preguntan los padres. ¿Qué responder a eso sin parecer demasiado estricto? Simplemente, que cuando un niño presenta problemas psicológicos (grandes dificultades para separarse, angustias...) al comenzar en la guardería, las entrevistas con los padres suelen revelar, en la mayoría de los casos, que estos niños duermen toda la noche o parte de ella con ellos. Por tanto, la experiencia demuestra que compartir la cama con el niño no se resume en dormir, bien calentito, en una gran cama blandita. Dormir juntos tiene, en nuestra cultura, un valor simbólico importante. Además, con mucha frecuencia, uno de los padres suele terminar durmiendo en el sofá, lo que puede generar en el niño, a partir de los quince meses, un sentimiento de inquietud ambivalente, mezclado con una sensación de total dominio: «¿Dónde está papá? ¿Puedo echarlo?».

La situación se vuelve todavía más complicada en el caso de las madres sin pareja que se ven obligadas a apartar al niño de la cama «familiar» cuando llega a su vida un nuevo compañero, ¡lo que ya de por sí es bastante complicado!

No separarse del niño por la noche no hace más que retrasar el problema, ya que se le habrá reforzado la idea de que la noche es peligrosa.

Sin embargo, antes de los cinco meses, un moisés en la habitación de los padres no es en absoluto un drama, y puede ser una solución adecuada para las necesidades de toda la familia. Seguidamente, alrededor de los seis meses, podrá perfectamente instalarse en su propia habitación o en un espacio separado. Lo importante también es que usted se sienta a gusto con la solución que ha elegido.

La noche y sus angustias

¿Terrores nocturnos o pesadillas? No siempre es fácil saberlo, cuando el niño es demasiado pequeño para poner nombre a sus emociones. Tradicionalmente, los especialistas diferencian las pesadillas de los terrores nocturnos. Las primeras, que pertenecen

¿Hay que coger al bebé en brazos cuando llora?

a la familia de los sueños, suelen tener su origen en el sueño paradójico y sobrevienen, a menudo, al final de la noche. Por el contrario, los segundos, pobres en contenido, son manifestaciones psicocorporales que tienen lugar durante el sueño lento y profundo, en las tres primeras horas del sueño.

⇨ **Terrores nocturnos**
¿A qué edad se producen los terrores nocturnos? El periodo «crítico» parece situarse entre los dieciocho meses y los cinco años, pero algunos especialistas adelantan que pueden aparecer cuando los ciclos del sueño del niño se asemejan ya a los del adulto, es decir, hacia el sexto mes.

• **¿Cómo identificarlos?** Generalmente aparecen al comienzo de la noche, cuando el niño está profundamente dormido, lo que explica que, al día siguiente, no se acuerde de nada.

Las manifestaciones a menudo son impresionantes, y pueden, en los casos extremos, asemejarse a las de un auténtico pánico. Los latidos del corazón se aceleran, suda, tiene la respiración agitada, grita, se muestra abatido, sus movimientos son bruscos... Cuando le hablamos no nos reconoce. Puede repetir una palabra, señalar con el dedo una cosa imaginaria y nuestra presencia puede perturbarle aún más. En la mayoría de los casos no lograremos que se calme mientras esté sumido en esos tormentos internos y se muestre confuso. Cuando se vuelve a dormir, al cabo de unos minutos, retoma de forma natural su ciclo de sueño, como si nada hubiera pasado.

• **¿Qué actitud adoptar?** Si se vuelve a dormir, no conviene despertarlo. Sin embargo, si la situación se alarga más allá de unos minutos y el niño manifiesta signos de sufrimiento, habrá que intervenir. En cuanto se despierta, se calma y no se acuerda de nada. Generalmente se dormirá de nuevo rápidamente.

• **¿Qué hacer si se reproducen?** Los terrores nocturnos sobrevienen en periodos sensibles y cuando el niño realiza grandes avances. Pero la mayoría de las veces no se pueden asociar a un acontecimiento en particular. El niño manifiesta a través de los terrores nocturnos un exceso de emociones, y es sobrepasado por sus pulsiones durante la noche. Estos incidentes no tienen consecuencias en el comportamiento, y el niño puede mostrarse muy calmado durante el día. Sin embargo, si se reproducen, podemos preguntarnos: ¿está sometido el niño a demasiadas presiones? ¿Le exigimos demasiado para su edad? Es importante recordar siempre que cada niño se desarrolla a su propio ritmo, que hay que respetar. ¡Resulta inútil pretender que se salte etapas!

⇨ **¿Puede tratarse de una pesadilla?**

El bebé se despierta de un salto, abre los ojos, parece inquieto, llora y nos llama... Es una pesadilla. Resulta difícil saber si los niños tienen sueños angustiosos antes de que puedan contarlos. Todo depende de su edad, pero, para soñar, deben ser capaces de realizar una actividad verdaderamente simbólica (por ejemplo, comenzar a jugar).

Aunque se muestre asustado, el niño que se despierta con una pesadilla no presenta —o presenta pocas— manifestaciones corporales. Nos reconoce, busca ser reconfortado... Al contrario que los terrores nocturnos, el niño puede incluso acordarse de sus pesadillas y así desarrollar un temor asociado al sueño: tiene miedo de volver a dormirse, no quiere acostarse, no quiere quedarse solo en su cama...

• **¿Qué hacer si se reproducen?** La mejor solución será volver a acostarlo, tranquilizarlo y cambiarle la cama y el pijama si están sudados, lo que le permitirá volver a dormir plácidamente lo que quede de noche. Por el contrario, no debemos dejarle que se instale en nuestra cama con la excusa de que ha tenido una pesadilla. Llevándolo con nosotros, le confirmamos la idea de que el sueño es peligroso. Y a partir de entonces podría recurrir a este argumento para acostarse en nuestra cama.

Como medida preventiva podemos contarle, preferentemente durante el día, historias que le permitan superar sus miedos y reírse de las brujas, cocodrilos y demás monstruos que habitan en su cabeza.

En cualquier caso, si los terrores nocturnos y las pesadillas se repiten muy a menudo y de forma intensa, no dude en consultar con un especialista. Esto vale más la pena si tenemos en cuenta que, en general, este tipo de problemas suelen solucionarse muy rápidamente.

Lo esencial

La noche es anunciadora de la larga separación nocturna. ¡No es extraño que al pequeño no le guste ese momento!

¿Hay que coger al bebé en brazos cuando llora?

Acompañándole cuando se va a dormir y estableciendo un pequeño ritual tranquilizador, le permitirá que se separe de usted sin angustia.

¿Puede dormir el bebé en la cama de sus padres? Su lugar está en su propia cama. Hasta los seis u ocho meses, sin embargo, los padres pueden disponer el moisés junto a su cama. Más adelante, es preferible que el niño se instale en su habitación o, por lo menos, en un lugar reservado para él.

¡Incluso los niños más equilibrados pueden sufrir terrores nocturnos y pesadillas! Distinguiéndolos, podrá tranquilizar de la mejor manera posible a su pequeño.

Capítulo 8

El mundo exterior le impresiona

Se asusta con una mosca, se aferra a usted cuando cruza un Papá Noel en un gran almacén, deja que los otros niños del parque le quiten su juguete... ¿Será un niño miedoso?

Paradójicamente, a un bebé de menos de seis meses le impresiona menos el mundo exterior que a uno más mayor, de nueve o dieciocho meses. ¿La razón? Cuanto más se separa el bebé de su madre y del universo que la acompaña, más inquietante le parece el mundo exterior. Para ayudarle a establecer su seguridad interior, es importante que lo tranquilicemos y le protejamos, pero sin transmitirle la idea de que el mundo exterior está lleno de peligros y trampas. Seguramente, la actitud que usted adopte dependerá de su visión personal del mundo exterior. Cada padre posee su propio umbral de tolerancia, que le permite establecer lo que es bueno o «soportable» para su bebé. Algunos llevarán a su pequeño a dar un paseo efectuando un pequeño trayecto en metro, mientras que otros tiemblan sólo con la idea de que su bebé pueda estar expuesto a los ruidos y los olores subterráneos... Por tanto, es importante que nos guiemos por nuestro instinto, siempre que nuestro comportamiento no ponga en peligro al bebé.

Sin embargo, cada niño no presenta el mismo grado de sensibilidad hacia el mundo exterior. Algunos son más «reactivos» que otros, lo que no es ni una buena ni una mala señal. Si el bebé tiene miedos, es completamente normal: estos también son necesarios en la vida, ya que nos preservan del peligro. Pero, antes de los dos años, no se puede decir ni dejar de decir que el niño sea miedoso.

Los ruidos del exterior

Ruidos de frenazos, obras, bocinas, ladridos, tormentas... Nosotros identificamos estos ruidos y, a un cierto nivel de decibelios, no les prestamos demasiada atención. Sin embargo, el bebé se muestra inquieto cuando oye sonidos cuyo origen desconoce. Hasta los tres meses, reacciona sobre todo a los ruidos fuertes y súbitos. Fuera de estos, no se preocupa demasiado por los ruidos del mundo exterior. Sin embargo, este no es el caso de los niños más mayores.

⇨ **¿Qué hacer si se inquieta?**
Lo más importante es calmarlo y ayudarle a asociar el ruido a su causa: «Mira, es la moto, que hace ruido al arrancar», «Es la excavadora amarilla sacando tierra para construir una casa»... Rápidamente este descubrimiento puede convertirse en un juego, hasta el punto de que algunos niños manifiestan enseguida un gran placer viendo cómo funcionan estas grandes máquinas que hacen «¡boom!». Entienden que dan un poco de miedo, pero que no son peligrosas.

Antes de los dos años, el bebé todavía está en pleno despertar sensorial. La maduración de las vías auditivas todavía no ha finalizado. La exposición repetida y prolongada al ruido puede tener un efecto sobre su nerviosismo, su agitación y, no cabe duda, sobre su audición. Dicho de otra manera: espere un poco antes de llevar a su pequeño a una exhibición de fuegos artificiales. ¡Tanto usted como él disfrutarán más del espectáculo dentro de uno o dos años!

Pequeñas y grandes bestias

¿Su bebé se asusta con una hormiga? ¿Se refugia en usted cuando ve un caniche? No, no es «fóbico», aunque lo parezca. Una fobia no se establece a los dos años; la constitución psicológica del pequeño no lo permite. Sin embargo, ya surgen pequeñas manías.

A lo largo de los meses y de las semanas, el bebé se va habituando al mundo exterior. Se acostumbra a ver migas de pan en la mesa, pero todavía no conoce a las hormigas. Y, de repente, lo que toma por unas miguitas negras, ¡se mueven en todos los sentidos! Por otra parte, mientras los peluches están siempre quietos en su cama, de repente una especie de bola de pelo avanza hacia él, totalmente fuera de control. Estas pequeñas bestias trastocan el orden establecido y perturban al bebé. Tiene miedo de lo desconocido, lo cual es totalmente normal.

No olvide también que el niño es un observador muy atento. ¿Tal vez le ha visto a usted aplastar a una hormiga o le ha oído decir pestes de las moscas? No es extraño, por tanto, que las considere criaturas perjudiciales.

Hacia los dos años, también puede suceder que al niño le asusten los perros (y no sólo cuando estos son grandes y amenazantes), cuando hasta ese momento había pasado a su lado sin problemas. De repente, se siente amenazado por estos seres tan distintos a él.

⇨ ¿Qué se puede hacer?

Para tranquilizarlo, puede contarle una historia sobre la hormiguita: «Ves, tiene mucho trabajo, corre de un lado a otro y luego regresa a su casa». En cuanto al perro, puede observarlo a distancia, explicándole su comportamiento: «Se sacude porque está mojado», «Ladra porque ha oído un ruido»... Puede invitarlo a que lo acaricie, quedándose a su lado. Pero no lo fuerce. Nunca hay que obligar a un niño a que acaricie a un perro que le da miedo, pues se corre el riesgo de reforzar su temor.

⇨ ¿Y si esto dura?

Su miedo a los gatos, a los perros o a cualquier otro animal doméstico puede convertirse en un problema si se tiene que enfrentar a menudo a ellos. Para habituarle progresivamente al contacto con ellos, puede inspirarse en terapias de comportamiento empleadas con los adultos: ofrecer al niño un animal de peluche puede ayudar a que vaya superando su miedo a los perros. La literatura infantil también está llena de historias de pequeños héroes animales que le familiarizarán con estos divertidos bichitos.

Tiene miedo de los payasos y de Papá Noel

En la fiesta de Navidad organizada por la empresa en la que trabaja su padre, Máximo, de quince meses, que normalmente siempre está sonriendo, se ha destacado por su llanto. Primero se ha aferrado al cuello de su madre cuando Papá Noel ha intentado darle su regalo... Una hora más tarde, más de lo mismo, cuando ha llegado el turno del espectáculo de payasos que cerraba la fiesta. ¿Por qué Máximo se muestra tan temeroso ante estos personajes inofensivos a los que se supone que deberían adorar todos los niños?

A diferencia de lo que pueda parecer, Máximo está lejos de ser un caso aislado. En realidad son numerosos los niños menores de tres años que tienen miedo de este tipo de personajes. Y esta actitud sorprende e incluso puede decepcionar a sus padres, que estaban muy felices de presentarle a estos personajes tan íntimamente ligados a la infancia: «¿Es que nunca está contento?».

⇨ **¿Por qué se asusta?**
En primer lugar, parece que a esta edad a los bebés no les gustan demasiado las novedades, sobre todo cuando estas se presentan con un aspecto tan extraño.

El pequeño, muy sensible a su entorno, es también una auténtica esponja sensorial. Algunos estudios han demostrado que, desde su más tierna edad, el niño es extremadamente sensible a las expresiones de los adultos.

Por ello, las máscaras y las muecas perturban sus referencias. Así, las muecas exageradas de los payasos y los rasgos de sus caras tan cambiantes lo desestabilizan. También pueden impresionarlo la gran barba y las pobladas cejas de Papá Noel, que enmascaran su expresión.

Estos personajes generalmente visten colores muy vivos. El traje rojo de uno y los mosaicos variados de los otros constituyen un impacto visual que es reforzado por la voz atronadora de los payasos («Niños y niñas, ¿cómo estáis?») o la voz grave de Papá Noel.

¿El niño estaba contento de asistir al espectáculo del que tanto había hablado con usted? La puesta en escena, los redobles de tambor, la oscuridad y el público de niños mayores que gritan y aplauden sin duda han contribuido a que se asuste. De momento, estos personajes le parecen demasiado exagerados, demasiado coloridos, demasiado ruidosos... ¡En resumen: demasiado raros!

⇨ **¿Qué hay que hacer?**

¿Asiste a un espectáculo de payasos que le hace llorar? Explíquele: «Es un señor disfrazado, que se ha puesto un traje grande y unos enormes zapatos para hacer reír...».

Más tarde, también podrá comprar una nariz roja y jugar con él a ponérsela y a quitársela, o comprar un disfraz para enseñarle cómo también él puede cambiar de aspecto. En cuanto a Papá Noel o los Reyes Magos, si tiene miedo deberá esperar un poco a hacerle una foto con ellos... Su reparo desaparecerá alrededor de los tres o cuatro años, que es también la mejor edad para comenzar a ir al circo y disfrutar con los payasos, bien seguro en las rodillas de sus padres, así como de esperar con impaciencia la llegada de Papá Noel o de los Reyes Magos.

Es tímido con los demás

Juega solo, en un rincón con arena del parque, y no se atreve a recuperar la pala que un niño de su misma edad le ha quitado... ¿Será poco sociable? Aquí se impone una precisión: contrariamente a lo que a menudo piensan los padres, el bebé no se socializa por el hecho de sacarlo a la calle. En efecto, va caminando hacia la socialización, lo que significa que, poco a poco, interioriza los distintos elementos de la cultura circundante (valores, reglas de conducta, normas...). Pero eso no significa que antes de los dos años el bebé juegue con los demás. Recientes estudios demuestran que a esta edad sí hay interacción entre los niños, pero, a menudo, jugar juntos se limita a divertirse uno junto al otro. Habrá que esperar hasta los dos años y medio o los tres años para que se establezca un verdadero intercambio.

Paradójicamente, se destaca que el bebé, cuanto más consciente es de su diferenciación con los demás, más se distancia. Dicho de otra manera:

¿Hay que coger al bebé en brazos cuando llora?

si parece que desconfía de las personas que no conoce, y no se instala de repente en las rodillas de un desconocido, puede tratarse más de una señal de madurez que de timidez. Y también es una cuestión de temperamento. Pero todo esto no quiere decir que será poco sociable, abierto o combativo, o que será más flexible con sus compañeros.

⇨ **¿Qué hay que hacer?**
Si le parece que tiene miedo de los demás, tal vez se deba a que ha tenido una mala experiencia con algunos niños. Para tranquilizarlo, puede tratar de acercarlo a otro bebé, al que no perciba como un potencial agresor. Por el contrario, ¡nada de acercarlo a un «tipo duro» de su misma edad, con la esperanza de que aprenda a defenderse!

Si su hijo le parece tímido o miedoso, es posible que usted tienda a sobreprotegerlo para evitarle ser el objetivo de los «matones» del barrio. Si el niño ya es reservado, esta actitud suya (bien comprensible, por otra parte) puede paralizarlo todavía más.

Por otra parte, los padres de varones se muestran (¡aún hoy en día!) a menudo más angustiados cuando su niño se bate en retirada. Consciente o inconscientemente, esperan que su hijo vaya por delante, sin plantearse demasiadas cosas... ¡Algunos esquemas tradicionales del chico valiente, fuerte y combativo están muy arraigados!

Lo importante es animarlo a que vaya hacia los demás, pero sin forzarlo. ¿No quiere? Dele una salida: «¿No quieres ir a jugar con esta niña ahora? Bueno, pues espera un poco. Puedes ir dentro de un ratito, si quieres». Empujar al niño hacia los demás cuando él no quiere puede desencadenar manifestaciones de temor y llevarlo a que se aferre a su cuello a la siguiente cara nueva que vea...

Un poco de paciencia. Con una actitud animosa y protectora, el pequeño, una vez tranquilizado, no tardará en ir al encuentro de los demás.

⇨ ¡Qué horror! ¡Parece un maleducado!

¿Rechaza un besito de su mejor amiga y no la deja que se acerque? Tal vez es porque adivina que, como de costumbre, ella va a acaparar a su madre durante un rato, durante el cual no va a estar enteramente disponible para él.

Algunos padres también habrán de aprender a olvidarse del niño con el que habían soñado: sociable, prueba viva de su éxito y de su equilibrio personal. ¡Un bebé no es una tarjeta de visita!

El mínimo cambio lo trastorna

En sus primeros días, el bebé permanece en casa sujeto a sus hábitos. Durante su primer año, y a veces incluso después, sólo se siente seguro con lo conocido: su madre, su familia, su cama, su habitación, su casa, sus ruidos...

Paradójicamente, un bebé dotado de un imaginario tan rico parece, sin embargo, un poco conformista. Para crecer y establecer su seguridad interior, necesita la regularidad. A veces, incluso los cambios más pequeños pueden perturbarlos. Por ejemplo, se ha constatado que los recién nacidos son muy sensibles al olor de su madre y que en ocasiones se muestran alterados si esta cambia de perfume. En principio, el bebé no tiene ninguna preferencia por la violeta o la rosa. Simplemente no le gustan las novedades, y eso es todo.

Tomemos el ejemplo de Carlos. A los trece meses, este niño se muestra ya muy despierto. Su madre, muy presente, se ocupa de él con una gran regularidad. Todos los días dan un paseo por un parque y pasan delante de una fuente. Cada día, al aproximarse a la «cascada» (una de las primeras palabras de su vocabulario), Carlos se muestra contento y se agita en su cochecito... La parada es obligatoria. Sin embargo, cierto día, la lluvia obliga a la madre a acortar el paseo, antes de llegar a la famosa cascada. ¡Es un drama! Carlos se pone furioso, protesta con fuerza. El trayecto de vuelta se efectúa bajo la intensa lluvia y los gritos.

¿Es un capricho? Todavía no, pero podría llegar a serlo. A Carlos, como a todos los bebés que se encuentran en la etapa de la diferenciación con su madre y con el entorno, le gusta la regularidad. Y, por lo tanto, el hecho de encontrar elementos familiares en el mismo lugar lo tranquiliza. No verlos puede significar, para él, que ese objeto (en este caso la «cascada») ha desaparecido y esto puede conducirlo a la angustia de la separación.

¿Debemos limitarnos a llevar una vida casi monacal con el objetivo de proporcionarle la máxima seguridad al niño? Afortunadamente no. Si bien una cierta regularidad le es indispensable, es necesario no caer en una ritualización excesiva.

Algunos bebés no soportan dormir en otra cama, rechazan beber en otro biberón que no sea el suyo y sufren verdaderas crisis de angustia cuando se suprime un ritual esperado. No se han de convertir todos los elementos en objeto de transición, cuya

¿Hay que coger al bebé en brazos cuando llora?

única finalidad es proporcionar seguridad al pequeño. Por este motivo resulta muy importante introducir pequeñas distorsiones en los hábitos del bebé. Para él, la novedad también puede ser interesante y le abre al mundo exterior.

⇨ **¿Qué hacer si tolera mal las novedades?**
Hay que mantenerse firme y explicarle por qué se ha producido el cambio. También puede hacer algo divertido si la explicación no ha bastado. Por ejemplo, puede decirle tranquilamente: «Está lloviendo y debemos volver a casa, pero por otro camino. Vas a ver patos. Tal vez estés decepcionado, pero no quiero que te mojes. Es lo que hay».

Por el contrario, ceder dejaría la puerta abierta a los caprichos y a acentuar el deseo del bebé de controlar a las personas y a los objetos, una tendencia que es natural en él cuando se aproxima a los dos años de edad. ¿Continúa gritando? No es por la angustia, sino por el disgusto. El bebé está aprendiendo que no siempre se puede hacer lo que él quiere, lo cual es muy positivo. Después de Freud, ¿acaso no plantean los psicólogos que «las frustraciones son constructivas»? Como la vida reserva muchas, ¡hay que alegrarse por ello!

Ha visto o ha oído cosas que lo han asustado

Una gran disputa conyugal, un incendio, una escena violenta en la televisión, un accidente de coche... ¿Qué tienen en común todos estos elementos? Que pueden haber asustado al bebé. El miedo que provocan estas escenas puede aparecer meses más adelante, mucho después de que nosotros las hayamos olvidado por completo.

⇨ **¿Qué hacer si se enfrenta a un suceso traumático?**
Si se muestra inquieto, parece asustado o alelado, o simplemente si llora, hay que tranquilizarlo lo antes posible. Cójalo en sus brazos, murmúrele palabras de consuelo, acúnelo... Necesita que le sequen las lágrimas. No dude tampoco, aunque el niño sea muy pequeño, en hablarle y explicarle lo que ha pasado, sin entrar, sin embargo, en detalles de su pelea conyugal, en la que él no es parte implicada. Este método, cercano al informe postraumático, se utiliza para las víctimas de violencia. Tranquilizando al bebé y hablándole podrá poner nombre a sus emociones y a las vivencias que ambos han tenido, lo que también será bueno para usted.

¿Hay que coger al bebé en brazos cuando llora?

⇨ **Posibles secuelas**

Sin embargo, poner nombre a las emociones no siempre es suficiente, y no impide necesariamente que la angustia regrese unas semanas más tarde.

Este es, por ejemplo, el caso de Mariona. Testigo de un incendio a los diecinueve meses, fue rápidamente tranquilizada y calmada por su abuela. Al cumplir los dos años, sin embargo, mostró un auténtico pánico nada más ver las velas de su tarta de cumpleaños. Afortunadamente, sus padres asociaron rápidamente su reacción con la que había tenido unos meses antes, y pudieron tranquilizarla de nuevo.

No porque el bebé sea pequeño ha de olvidar necesariamente las cosas. Los sucesos impresionantes que haya vivido antes de los dos años pueden desencadenar más tarde actitudes neuróticas más o menos graves. Por tanto, es importante permanecer atentos y guardar en la memoria los hechos que han podido producirse durante sus dos primeros años de vida.

⇨ **No hay que inquietarse**

Si no muestra ninguna inquietud y si el acontecimiento que nosotros consideramos traumatizante no ha provocado en él ninguna reacción, ¿es necesario hablarle de ello? En principio, no. Los niños no tienen necesariamente que asustarse con las cosas que nos asustan a nosotros. Un bebé será, por ejemplo, más sensible a una escena de violencia familiar que a un incidente del exterior. Una crisis desmesurada de cólera de la madre será más traumatizante que unas escenas de guerra en la pantalla... Por tanto, no conviene alimentar su imaginario en estos temas, o meterle en un drama que no le incumbe.

Lo esencial

Los miedos asociados al mundo exterior son frecuentes, normales, naturales e incluso útiles.

La mayoría se atenuarán o desaparecerán a medida que el niño se familiarice con el mundo exterior.

Lo más importante es resolverlos con ternura.

Capítulo 9

Su mundo imaginario le da miedo

Respecto a los temores infantiles, a menudo se piensa en el miedo al lobo... Pero a la mayoría de los niños, ¡la oscuridad, el agua y el médico también los asustan a veces! Además, el bebé también tiene otros temores que sólo conoce él...

Los grandes clásicos

⇨ El miedo a la oscuridad

Pocos niños se libran del miedo a la oscuridad, miedo que a veces perdura más allá de los cinco años. Así, a partir de su segundo año de vida, el bebé puede comenzar a tener miedo a la oscuridad en el momento de acostarse o cuando se despierta a media noche. A lo largo de esta etapa clave de su desarrollo (comienza a andar, adquisición del lenguaje, control de sus necesidades...), las tensiones psicológicas son numerosas y generan una angustia que puede traducirse de esta manera.

• **¿Por qué tiene miedo?** En la oscuridad, el bebé pierde sus referencias visuales, y ver los objetos que le son familiares lo tranquiliza. En la penumbra, también es llevado a percibir sus contornos corporales un poco borrosos, ya que no puede verse. Verse también lo ayuda a sentirse. Finalmente, los ruidos habituales también son amplificados en la oscuridad. Por todo esto, la oscuridad puede provocar en él un auténtico pánico, no solamente en la cama, sino también por ejemplo en un garaje oscuro, cuando se apaga la luz.

• **¿Qué hay que hacer?** Puede colocar, en su habitación, una pequeña lamparita de baja intensidad, y dejarla encendida toda la noche. Si se despierta, encontrará su universo familiar y tranquilizador.

Para ayudarlo a que se vaya acostumbrando, puede también jugar en la oscuridad con una linterna. Los juegos de sombras chinas, donde con los dedos se crean lobos, dragones y otras siluetas espantosas que se proyectan en la pared de la habitación, suelen agradar a los niños: así, comprenden que las sombras más amenazantes son inofensivas.

Una pregunta que puede formularse es la siguiente: ¿el niño realmente se asusta o es un truco para retenerle a su lado? Si realmente tiene miedo, podrá observar algunos signos físicos: transpiración, palidez, aceleración de los latidos del corazón... En este caso, hay que respetar su miedo. Por el contrario, si utiliza este pretexto para valorar cuál es su poder, ¡enséñele que a usted no se le engaña!

⇨ **El miedo al agua**

Hasta ahora, se comportaba en el agua como un auténtico pececito en su acuario. El baño era una fiesta, el momento de las pompas y de juegos interminables... y, secundariamente, el momento de la higiene. Pero, de repente, se pone a gritar ante la sola presencia del agua.

Menos frecuente que el miedo a la oscuridad, el temor al agua también forma parte de los «clásicos» de los pequeños.

• **¿Por qué se asusta?** Tal vez el bebé ha vivido una mala experiencia de la que no somos conscientes: el agua del baño estaba demasiado fría, demasiado caliente... El suceso en cuestión quizá no era demasiado importante, pero ha bastado para disgustarle.

También ha podido asociar el baño al champú que le ha provocado picor en los ojos cuando que le hemos lavado la cabeza. Aunque algunos productos están formulados para evitar este problema, ¡su espuma tiene un gusto desagradable! Tal vez llora no porque no le guste demasiado el agua, sino porque tiene frío cuando lo desvestimos. A los bebés, como ya hemos comentado, no les gusta estar completamente desnudos. Más tarde, cuando ya se baña en la bañera grande, puede haber sentido miedo de ser tragado por el desagüe. Si acostumbramos a quitar el tapón cuando él aún está dentro de la bañera, ha podido ver algunos juguetes dirigiéndose hacia el desagüe, o desaparecer. Como todavía no tiene verdadera conciencia de sus límites corporales, puede temer ser succionado él también.

• **¿Qué hay que hacer?** En primer lugar, mire por su bienestar: en invierno, el cuarto de baño ha de estar bien calentito. Cuando lo saque de la bañera lo puede cubrir con una toalla tibia. ¡Tampoco se le ocurra enjabonarlo fuera del agua si eso le estropea ese momento de placer!

Si ha identificado el motivo de su miedo, tranquilícelo en ese punto concreto. Compruebe con él que el agua está a la temperatura adecuada, tranquilícelo con respecto al miedo de ser engullido y acompañe cada movimiento con explicaciones para tranquilizarlo: «Tú eres un niño, no eres un muñequito; ¡no cabes por ese agujero tan pequeño!», «Te enjabono la espalda, y ahora voy a aclararte la cabeza»...

Si la inquietud surge en el momento en que se le pasa a la bañera grande, vuelva a ponerlo en su bañera de bebé colocada en la bañera grande, en la que se sentirá más seguro. Estas precauciones harán que recupere poco a poco el placer del baño, sobre todo si procura colocar en la bañera juguetes pequeños de plástico, tapaderas y frascos, con los que volverá a salpicar con toda tranquilidad.

Por otra parte, no se descarta tampoco que haya sido usted quien le ha provocado involuntariamente ese miedo. Si continuamente le está poniendo en guardia («¡Cuidado, sujétate bien al borde, te vas a caer, te vas a resbalar...!»), puede sacar la conclusión de que el baño es un peligro. Es importante que no le transmita su miedo a que se ahogue, y la mejor manera de evitarlo es permanecer todo el tiempo junto a él.

¿Hay que coger al bebé en brazos cuando llora?

No le deje nunca solo, ni siquiera un instante: desgraciadamente, los accidentes son aún frecuentes, y se producen en unos segundos, aunque el agua sea poco profunda.

Finalmente, en caso de «crisis aguda», no se obstine en bañarlo. Dele una ducha rápida o pásele una esponja por el cuerpo, mientras espera que retome poco a poco su confianza en el agua.

• **¿Y en el mar?** Esa gran extensión de agua resulta impresionante para un niño que, además, la puede encontrar demasiado fría y agitada. No lo obligue en ningún caso a que se bañe, aunque se sienta un poco decepcionado porque ese año no está disfrutando de las diversiones que ofrece la playa. Lo más conveniente es que lo deje que se familiarice con el mar —o con el río— a su ritmo. Puede comenzar jugando en la orilla con él, luego acercarse poco a poco al agua y bañarlo y dejarlo que salpique en un pozo excavado en la arena, antes de pasar al verdadero baño en el mar, siempre que él esté de acuerdo.

Los cursos de natación para bebés también son una buena solución para que descubra los placeres del agua en familia. En una piscina poco profunda y climatizada aprenderá, primero en sus brazos y luego solo, a evolucionar en este entorno acuático y a tomar confianza en sí mismo (véase «*Direcciones útiles*», al final del libro).

⇨ **No soporta ni la más mínima mota de polvo**
El miedo a la más pequeña miguita o a la mínima mota de polvo es raro... pero relativamente frecuente.

Este es el caso de Julia, de trece meses, que grita en el baño porque hay unas motitas de polvo casi imperceptibles flotando en la superficie del agua.

• **¿Por qué se asusta por estas motitas?** Simplemente porque trastocan el orden establecido. La miguita representa una intrusión en su mundo, que al pequeño le gusta liso y uniforme. De la misma forma, algunos niños rechazan totalmente los agujeritos, botones y otros elementos que rompen la armonía de su ropa. Este miedo es todavía más importante porque el bebé, antes de los dos años, aún no ha establecido los límites de su unidad corporal.

Por otra parte, el bebé puede también asociar estos pequeños granitos de polvo a un minúsculo insecto que le asusta (véase «Pequeñas y grandes bestias», en el capítulo 8).

¿Hay que coger al bebé en brazos cuando llora?

• **Lo que hay que hacer.** Respetar su miedo mante-
niendo la calma (¡aunque sus manías a veces le
saquen de quicio!) y sin anticipar nada, ya que le
dejaría demostrar su omnipotencia. ¿Una brizna de
perejil rompe la armonía de su puré? Anímele a que
la retire el mismo o se coma lo que hay alrededor...
En la bañera, también puede entretenerse retirando
las motitas de polvo con un pequeño colador que
usted le deje. No hay que prestar demasiada atención a estas pequeñas fijaciones, porque ¡de ahí a
los caprichos sólo hay un paso!

⇨ **El médico: un «monstruo», muy a su pesar...**
Aunque el bebé esté sano, el médico cumple un
gran papel en su vida durante sus primeros años.

Los niños se asustan fácilmente con las batas blan-
cas. Muchas guarderías han renunciado incluso a
que los médicos ejercieran en sus locales, pues sólo
su mera presencia asustaba a los pequeños...

Sin embargo, ¡no es cuestión de evitar al niño las
citas con los profesionales de la salud con el pretexto
de que no le gustan!

• **¿Por qué tiene miedo?** Incluso antes de los dos años,
el bebé acumula ya una gran experiencia en las visi-

tas médicas. Sin embargo, vive a menudo las primeras vacunas y las actuaciones médicas dolorosas como una intrusión, una agresión gratuita frente a la cual se ve impotente. No comprende que se le haga daño para hacerle un bien. Solamente a partir de los siete u ocho años podrá admitir los beneficios de las inyecciones. Pero no por eso dejará de tener miedo...

De momento, cada reencuentro con el médico le podrá hacer revivir malos recuerdos.

El bebé también puede sentirse «castigado» si, en su entorno, se ha utilizado el médico o la inyección como una amenaza verbal.

Por lo que respecta al médico, este debe esforzarse también en tranquilizarlo. A veces ocurre que, preocupado por el diagnóstico, no muestra demasiada paciencia con el niño. Si esto sucede con frecuencia, es mejor cambiar de médico.

Y, en cuanto a usted, ¿qué siente con respecto a este entorno? No hay que descartar que tenga malos recuerdos y que haya transmitido a su bebé esta inquietud (por la enfermedad, por el dolor...). ¡El pequeño no se siente seguro y lo expresa vivamente!

• **¿Cómo prepararlo para la consulta?** Muchos médicos proponen una visita de presentación que permita al niño familiarizarse con el lugar y con el especialista, fuera de todo contexto de enfermedad. Este primer contacto también tiene como objetivo que no asocie automáticamente doctor y dolor.

Si el bebé llora sólo ante la visión de una bata blanca, conviene tranquilizarlo antes de la visita y explicarle por qué lo llevamos al médico y lo que este le va a hacer: «Va a explorar tu cuerpo, a mirarte las orejas y a escuchar tu corazón con un aparatito que no hace daño...». También puede resultar útil enseñarle al niño, utilizando una muñeca, lo que el médico hace durante su examen, y animarlo a que lo imite.

Cuando guarde en su bolso la cartilla sanitaria y el objeto favorito del niño, introduzca también algunos juguetes que le gusten especialmente. Una vez en la consulta, le permitirán sentirse en su universo conocido.

• **Durante la exploración médica.** A menudo es el dolor lo que conlleva el miedo al médico. No dude en intentar evitarlo, siempre que sea posible. Cuando se trate de vacunas, consulte al médico (si él no lo propone) si es posible prescribirle un parche anestésico para poner una hora antes de la inyección. Una vez en la consulta, háblele a su bebé animándolo y hágale participar siempre que sea posible. Enséñele, por ejemplo, lo que hay en la consulta y para qué sirve.

Si el médico ha de efectuar algo doloroso, es esencial que ambos, usted y él, no nieguen el miedo del niño diciéndole: «¡No vas a tener miedo de una pequeña inyección! ¡Ya eres mayor!». También hay que evitar frases del tipo: «No hace daño, no es nada», ya que esto podría acabar con la confianza que tiene en usted. Por el contrario, le puede decir: «Va a ser un poco desagradable, pero luego todo habrá terminado y volveremos a casa los dos, tranquilamente».

Lo importante es que se adopte una actitud protectora para tranquilizar al niño, que le permita pasar este momento desagradable. ¡Y no hay que olvidar el besito para recompensar al valiente una vez haya terminado la prueba!

¿Y si nosotros, sin querer, le transmitimos nuestros miedos?

⇨ **¿Por qué algunos niños parecen más miedosos que otros?**

¿Hay que coger al bebé en brazos cuando llora?

Tal vez se trata sólo de una cuestión de temperamento. Sin embargo, la actitud del entorno también es determinante. Un niño al que se deja a su aire en un entorno que no proporciona seguridad tiene muchas posibilidades de desarrollar múltiples miedos. Pero, paradójicamente, ¡un niño sobreprotegido también! En este último caso, hay dos explicaciones posibles.

• **Primera posibilidad.** El entorno del niño se comporta de una forma hiperprotectora, lo que le lleva a considerar que fuera de su pequeño mundo tan seguro todo son peligros... Recordemos, por tanto, que si bien es muy legítimo querer proteger al bebé de los peligros, interrumpirle con frases del tipo «¡Cuidado!» o «Si haces eso, corres el riesgo de...», para evitar un riesgo potencial, puede paralizarlo y poner frenos a su ánimo de explorar. Actuando así, es verdad que lo está protegiendo, pero ¡más de sus propios miedos que de los del pequeño!

• **Segunda posibilidad.** El entorno le transmite de manera inconsciente sus angustias. A veces son los padres, pero ¡las abuelas y las canguros que tienen a su cargo al niño a menudo son más «mamá gallina» que las propias madres! Es cierto que se les ha enco-

mendado una misión delicada, pues les hemos confiado a nuestro bien más preciado: nuestro bebé.
Así, ellas ni se plantean devolverlo con un moratón
en la rodilla o exponerlo a la mínima corriente de
aire... ¡sobre todo si antes de entregarles al niño les
hemos dado una interminable lista de alertas y reco-
mendaciones!

⇨ **Ponerse en peligro no es una tontería**
Evidentemente, no es posible controlar permanente-
mente todas las emociones de un bebé... Sin
embargo, puede ser interesante conocer que algunas actitudes destinadas a advertir de un peligro
concreto son más adecuadas que otras.

Tomemos el ejemplo de Cristina, la madre de
Valentín, de once meses. Horrorizada vio cómo su
hijo acercaba sus dedos al enchufe. Su grito hizo que
Valentín reculara inmediatamente, pero la madre,
pálida de miedo al pensar en lo que podría haber
pasado si no hubiera intervenido, continúa incre-
pando a Valentín, que la mira atónito y luego se
funde en lágrimas.

La actitud de Cristina está relativamente adap-
tada, porque ha reaccionado muy deprisa y ha pro-
tegido a su hijo, que es lo más importante. Sin em-

bago, una vez evitado el peligro y superados los nervios, sería conveniente que le explicara con calma a Valentín la gravedad de lo que estaba haciendo y que le hiciera comprender que no se trataba de una tontería, ¡porque hacer tonterías para mostrar su oposición a los padres y ponerse en peligro son dos cosas diferentes!

Para señalar bien la diferencia, es importante reaccionar explicando al niño, con un tono grave y firme, que es muy peligroso hacer lo que ha hecho. Este método también resulta eficaz para alertarlo contra un peligro concreto. ¿Por qué insistir tanto en la importancia de nuestra actitud? Simplemente porque actuando así evitaremos que el niño se ponga en peligro por el simple hecho de oponerse a nosotros.

⇨ **Miedos hereditarios**

Sebastián, de dieciocho meses, es un niño que parece tener miedo a todos los niños en la guardería, y que ha desarrollado numerosos pequeños temores que, acumulados, acaban por ser invalidantes. Sus padres han consultado a la psicóloga de la guardería. Su madre, una mujer muy dominante, es oficial de policía. Su padre también parece poco susceptible a las debilidades. Sin embargo, la entrevista revela que, hasta que cumplió ocho años, el padre de Sebastián era como su hijo, un poco miedoso. ¿Qué hacía en aquel momento su propio padre? Le pegaba, para «enseñarle lo que era la vida». El padre de Sebastián no pega a su hijo, pero admite que se pone muy nervioso con los llantos de su hijo. En cuanto a la madre, ella reconoce ser «poco dada a la ternura», y esto se agrava con la actitud de este. Es difícil, en estas circunstancias, que Sebastián sienta que le dan seguridad...

El caso de Sebastián no es aislado. A menudo asombra comprobar cómo se transmiten las angustias y los miedos infantiles de generación en generación. Nada impide por tanto imaginar que el abuelo de Sebastián, ese que pegaba a su hijo, tal vez también fue en su día un niño con múltiples miedos...

Desde este punto de vista, a menudo resulta interesante preguntar a los abuelos. ¿Se acuerdan ellos de lo que nos asustaba? Curiosamente, a menudo es similar a lo que asusta a nuestro pequeño, aunque no guardemos ningún recuerdo de ello...

Un niño como Sebastián será tranquilizado cuando se le diga: «Papá era como tú cuando era pequeño. Tenía miedo de los otros niños y de muchas otras cosas: de las moscas, de la oscuridad, del agua, del ruido... Pero luego se ha dado cuenta de que tener compañeros para jugar está muy bien, y que en compañía se tiene menos miedo». Contando nuestra propia historia al niño, el círculo vicioso se rompe y, finalmente, la mayoría de las veces las cosas se arreglan.

⇨ **Las fobias de los adultos**
¡Incluso los bebés más pequeños captan en seguida los pequeños miedos y las grandes fobias de los adultos! Un niño de menos de dos años puede apreciar muy bien la ansiedad de su madre en un ascensor, o su miedo ante la presencia de una araña. La percepción de las angustias puede favorecer un anclaje a ciertos miedos.

• **¿Qué podemos hacer?** Si tememos transmitir nuestras angustias al pequeño, es un buen momento para pensar en nuestros miedos e intentar comprender sus orígenes. Aquí también asombra constatar cómo el hecho de empeñarse en dar una imagen coherente y tranquilizadora a los niños puede hacer que lleguemos a dominar nuestros propios miedos.

Cuando nos enfrentamos a uno de nuestros miedos, podemos también decir al niño: «No hay ningún peligro. Esta araña (o este teleférico, o este avión...) no hace nada (o no es peligroso, o no se cae...), simplemente yo soy así, es una tontería, pero no me gusta mucho. ¡Tu no tienes por qué tener miedo como yo!».

Desgraciadamente, las angustias más profundas se transmiten sin querer, ya que son aquellas de las que no somos conscientes. Por tanto, son difíciles de controlar. Un clima de ansiedad familiar puede, por ejemplo, conllevar algunas manifestaciones somáticas (asma, eccema...) en el niño, o se traduce en miedos o en raras «fijaciones», que tienen su origen en el cruce del mundo imaginario del bebé y el terreno de la angustia familiar.

⇨ Mil y una «fobias» que sólo le pertenecen a él

¿Qué hacer cuando se manifiestan esos pequeños temores que sólo le pertenecen a él? No hay que ponerse nervioso ante estas rarezas, aunque sean irritantes. Ocurre, por ejemplo, cuando el niño, en la playa, no soporta el contacto con el menor grano de arena ni el viento... Lo mejor, cuando surge la crisis, es desviar su atención. Si su comportamiento un poco maniático persiste, la relajación terapéutica, practicada por un psicoterapeuta, puede dar buenos resultados... tanto del lado del padre como del niño.

Sin embargo, no hay que dramatizar. Los miedos a veces misteriosos del niño testimonian una cosa: el pequeño ya tiene su propia personalidad, no es simplemente un calco de nuestros miedos y nuestros deseos de padres. Comienza a manifestar cierta autonomía, ¡y esto es bueno!

Lo esencial

Algunos miedos de los bebés son espontáneos y otros son transmitidos por el entorno, pero todos son imaginarios.

Un ambiente de ansiedad familiar en el que se superpone su mundo imaginario puede también traducirse en pequeñas «fijaciones» un poco raras.

Ayudando al niño a dominar sus miedos «irracionales», estos desaparecerán progresivamente.

Conforme va creciendo, podrá tener otros miedos, pero no por la misma razón: habrá adquirido el sentido del peligro, y habrá aprendido, gracias a usted, a evitarlo.

Conclusión

A una madre que le pidió consejo sobre la forma de educar a su hijo, Freud le contestó: «Haga lo que quiera, señora; de todas maneras, lo hará mal». ¿Por qué, entonces, haber consagrado un tiempo a escribir este libro... y a leerlo?

Primero, porque nada impide que intentemos hacerlo un poco menos mal... sin culpabilizarnos demasiado cuando cometamos errores que, a pesar de todo, son inevitables, como dejaba entrever el padre del psicoanálisis en su respuesta.

En segundo lugar porque, si la educación ideal no existe, afortunadamente es posible ser padres «lo suficientemente buenos», parafraseando la fórmula de D. W. Winnicott *(the good enough mother)*, pediatra y psicoanalista inglés cuyos trabajos nos han inspirado mucho a lo largo de toda esta obra. Ciertamente, los padres perfectos no existen, así como tampoco existen los niños modelo. Sin embargo, aprender a establecer ciertos mecanismos permite, a menudo, rectificar el tiro para volver a comenzar sobre nuevas bases.

Finalmente, porque estamos profundamente convencidos, al igual que estos dos eminentes especialistas y otros muchos, de que todo lo que «se cuece» en el bebé tiene repercusiones en el niño, el adolescente y el adulto en que se convertirá.

Con el bebé, todo reside en una dosis justa entre protección y sobreprotección. La primera actitud permitirá al niño, una vez tranquilizado, avanzar en la vida, dispuesto a lanzarse sin cesar a nuevos desafíos y a hacerse unas pequeñas heridas en las rodillas. La segunda actitud, por el contrario, podría hacer que el niño se frenara o se inhibiera. Queriendo protegerlo constantemente de un eventual peligro no le proporciona seguridad. Muy al contrario: lo lleva a considerar que el mundo exterior es peligroso, ya que usted mismo parece tener siempre miedo de todo. Este comportamiento también puede constituir un freno en la diferenciación necesaria para que se aleje de usted sin temor a verle desaparecer.

Usted es la referencia

¿Es necesario recordarlo? Para el bebé, usted es la referencia. Seguramente no le será siempre posible dirigir su vida y la de él como le gustaría. Sin embargo, la imagen coherente que le transmite, a lo largo de sus primeros años, es fundamental para que elabore su sentimiento de seguridad de base, en ausencia del cual podría tener dificultades.

Ciertamente, la capacidad de un individuo para encajar los golpes y caminar hacia delante es algo real. También es cierto que no todo se juega antes de los seis años, y mucho menos antes de los seis meses, pero ¿por qué no construir sobre bases sólidas cuando es posible hacerlo?

Tranquilizar... a los padres

Finalmente, frente al misterio que representa su pequeño, los padres también necesitan ser tranquilizados. Durante sus primeros meses de vida, tal vez encuentra a su hijo un poco exigente, tiránico, insaciable... y muy agotador. Sin embargo, puede estar convencido de que cuando mima y acuna a su bebé, no sólo proporciona placer (a los dos): le está transmitiendo sus mejores bazas para que pueda conquistar poco a poco su autonomía y se convierta en un individuo sólido para toda la vida.

Bibliografía

Para los adultos

CYRULNIK, B., *Bajo el signo del vínculo,* Editorial Gedisa, Barcelona, 2006.

— *Les nourritures affectives,* Éditions Odile Jacob, 1993.

DOLTO, F., *Lorsque l'enfant paraît,* t. I, II y III, Seuil, 1977, 1978 y 1979.

FRYDMAN, R. y M. SZEJER, *Le bébé dans tous ses états,* Odile Jacob, 1988.

GIAMPINO, S., *Les mères que travaillent, sont-elles coupables?,* Albin Michel, col. «Questions de parents», 2001.

GRAVILLON, I., *Le sommeil des bébés,* Milan Éditions, 1999.

RUFO, M., *Hermanos y hermanas: una relación de amor y celos,* Grijalbo, Barcelona, 2004.

STERN, D., *La primera relación madre-hijo,* Ediciones Morata, Madrid, 1984.

SZEJER, M., *Des mots pour naître, l'écoute psychanalytique en maternité,* Gallimard, 1997.

¿Hay que coger al bebé en brazos cuando llora?

THIRION, M. y M. J. CHALLAMEL, *Mi hijo no me duerme, ¿qué puedo hacer?: una guía práctica y completa para enseñar a nuestro hijo a dormir,* Ediciones Obelisco, Barcelona, 2003.

WINNICOTT, D. W., *Los bebés y sus madres,* Ediciones Paidós Ibérica, Barcelona, 1998.

Para los niños

ASHBÉ, J., *Hasta la tarde,* Editorial Corimbo, Barcelona, 1998.

— *¡De noche se duerme!,* Editorial Corimbo, Barcelona, 2003.

BUTTERWORTH, N., *Cuando es hora de ir a la cama,* Editorial Juventud, Barcelona, 1995.

COUSINS, L., *Maisy se va a la cama,* Serres, Barcelona, 1995.

GUETTIER, B., *Para quién es este besito,* Editorial Juventud, Barcelona, 1998.

LEVY, D., *Panocha. ¡Feliz cumpleaños, mamá!,* Edebé, Barcelona, 2005.

VILCOQ, M., *Espero un hermanito,* Editorial Corimbo, Barcelona, 2001.

Direcciones útiles

Centros de acogida

Centro de Apoyo al Menor y a la Familia
(Fundación Internacional O'Belén)
Avda. Conde de Romanones, n.º 27
19200 Azuqueca de Henares (Guadalajara)
Correo electrónico: fundacion@obelen.org
Tel.: 949 265 191 y 949 267 175

Todo lo referente a la lactancia

Comité de lactancia materna de la Asociación Española de Pediatría: toda la información referente al tema de la lactancia, con un foro de preguntas para padres.
C/ Aguirre, 1, bajo derecha
28009 Madrid
Web:
http://www.aeped.es/lactanciamaterna/index.htm
Tel.: 914 354 916

Leche League: artículos, boletines informativos, eventos y catálogos de productos relacionados con el tema de la lactancia.

1400 N. Meacham Road, Schaumburg, IL 60173-4808 Estados Unidos

Web: http://www.lalecheleague.org/

Si tiene miedo al agua

Baby Swim: actividades acuáticas para bebés.

C/ Rafael Herrera, n.º 11

28036 Madrid

Tel.: 913 233 958 y 913 144 575

Web: http://www.natacion-bebes.es/

Correo electrónico: info@natacion-bebes.es

Holmes Place Balmes:

Balmes, 44-46

08007 Barcelona

Tel.: 93 272 20 00

Correo electrónico: info.balmes@holmesplace.es

Web: www.holmesplace.es

Índice

Stéphane Bourcet - Isabelle Gravillon
Mi hijo ha sido agredido - En la escuela, en la calle, en casa

Dr. Patrice Huerre y Laurence Delpierre
¡No me hables en ese tono! - ¿Cómo reaccionar?

Dr. Patrick Blachère y Sophie Rouchon
Pequeñas infidelidades en la pareja - ¿Tolerancia o ruptura?

Christine Brunet y Nadia Benlakhel
¿Hasta cuándo durará esa rabieta? - Cómo calmarlos sin ponerse nervioso

Gérard Chauveau y Carine Mayo
Le cuesta aprender a leer - ¿Cómo ayudarlo?

Dra. Marie-Claude Vallejo y Mireille Fronty
¡Para empezar, tú no eres mi madre! - ¿Qué lugar debe ocupar una madrastra?

Dr. Claude Allard y Cécile Dollé
¿Qué hay en la tele? - Cómo ayudar a nuestros hijos a elegir

GINETTE LESPINE Y SOPHIE GUILLOU
Superar el desempleo en familia - ¿Cómo seguir adelante?

CLAUDINE BADEY-RODRÍGUEZ Y RIETJE VONK
Cuando el carácter se vuelve difícil - Cómo ayudar a nuestros padres sin morir en el intento

BEATRICE COPPER-ROYER Y CATHERINE FIRMIN-DIDOT
¡Deja un rato el ordenador!

www.ingramcontent.com/pod-product-compliance
Lightning Source LLC
Chambersburg PA
CBHW071345090426
42738CB00012B/3017